सड़क सुरक्षा कवच

आयुष्मान भवः

ए डी जोशी

मैं सबसे पहले इस सृजन को भगवान को समर्पित करना चाहता हूं, जिनके असीम आशीर्वाद से ही मैं एक ऐसे विषय को चुन पाया , जिसके कारण प्रतिदिन होने वाले 400 से भी ज्यादा मौतों को , अनजाने में ही सभी ने हमारे देश में स्वीकार कर लिया है। मुझे पूर्ण विश्वास है कि यह पुस्तक सड़क दुर्घटनाओं के प्रति आम लोगों के दृष्टिकोण में परिवर्तन लाएगा।

इस कृति को मैं अपनी पत्नी एवं मित्र, स्मिता को समर्पित करते हुए गौरवान्वित महसूस कर रहा हूं जो हमेशा से मेरे लिए एक प्रेरणा का स्त्रोत रही है। यह उनकी प्रार्थना का ही फल है जिसे मैं इस किताब के रूप में अपने देश के सभी सड़क का उपयोग करने वालों को समर्पित कर पा रहा हूं ।

मैं इस किताब को अपने दोनों बच्चों को समर्पित करता हूं जिन्होंने मुझे इस पुस्तक को पूरा करने के लिए प्रेरित और केंद्रित रखा।

मैं इस कृति को उन सभी परिवारों को समर्पित करता हूं जिन्होंने अपने प्रिय जनों को, सड़क संबंधित दुर्घटनाओं में खोया है।

यह पुस्तक भारत के उन युवाओं को समर्पित है, जिन्होंने सड़क दुर्घटनाओं में अपनी जान गंवाई और अपने सपनों व माता-पिता के अपेक्षाओं को पूरा नहीं कर सके।

यह पुस्तक उन सभी को समर्पित है जो भारतीय सड़कों को सुरक्षित देखना चाहते हैं और चाहते हैं कि; सड़कों पर होने वाली मौतों की संख्या, 400 मौतें प्रतिदिन - की वर्तमान दर से घटकर आधी या उससे भी कम हो जाए ।

क्रम-सूची

क्रम-सूची

भूमिका

आज भारत, दुर्घटनाओं से होने वाली मौतों के मामले में दुनिया के 199 देशों में एक नंबर स्थान पर आ चुका है। दुनिया के कुल वाहनों में से केवल 1% वाहन होने के बावजूद भी , लगभग 11% सड़क दुर्घटनाओं में योगदान देता है - जो कि एक चिंतनीय विषय है। सड़कों पर होने वाली दुर्घटनाएं, न केवल परिवार को नष्ट करती हैं; देश की अर्थव्यवस्था पर भी इसका अपना प्रभाव पड़ता है - राष्ट्र एक स्वस्थ युवा कार्यबल को भी खो देता है। क्योंकि इन दुर्घटनाओं से होने वाली मौतों में लगभग 40% लोग 18 से 40 वर्ष के होते हैं।

किसी बीमारी के कारण होने वाली मृत्यु और दुर्घटना के कारण होने वाले मौत का; एक परिवार पर पूरी तरह से अलग अलग प्रभाव पड़ता है। पहले मामले में परिवार संभावित विपरीत परिणामों के लिए अपने आप को मानसिक रूप से तैयार रखता है।

जबकि एक दुर्घटना के मामले में एक स्वस्थ व्यक्ति को प्रतीक्षारत परिवार से अचानक ही उठा लिया जाता है; परिवार और पीड़ित दोनों के लिए सोचने के लिए भी समय नहीं रहता। इससे एक परिवार पूरी तरह टूट जाता है।

हमारे देश में सड़कों और सड़क संबंधित सुरक्षा ढांचे में, तेजी से विस्तार हो रहा है। इसलिए भी हम सभी को सामूहिक रूप से सड़क सुरक्षा संबंधित जागरूकता को लोगों में फैलाना होगा और अपने ड्राइवरों को, अपनी सड़कों पर सुरक्षा के माहौल को बढ़ाने के लिए प्रशिक्षित करना होगा, अन्यथा औसत गति में वृद्धि के कारण दुर्घटनाओं की संख्या और बढ़ सकती है।

इसका एकमात्र और व्यावहारिक समाधान, बुनियादी ढांचे का विकास और सुधार करना है, विभिन्न मंचों के माध्यम से सड़क सुरक्षा के बारे में जागरूकता फैलाना है। एक संपूर्ण मीडिया अभियान होना चाहिए, जिसमें देश के सभी लोग और सभी हस्तियां शामिल हों - सर्वसम्मति से हमें इस एजेंडे को आगे बढ़ाना चाहिए।

दुर्घटनाओं में होने वाली मौतों और चोटों के लिए सभी देशों में शीर्ष स्थान पर होना, हमारे माथे पर एक धब्बा है - हम सभी को मिलकर इसे धोना होगा - इस मौत के तांडव को रोकना होगा।

अब से हमारे देश में सड़कों पर सुरक्षा की एक नई परिभाषा होगी; एक नई शुरुआत हो चुकी है।

प्रस्तावना

हमारी सड़कों पर; अधिकांश ड्राइवर सुरक्षित ड्राइवर हैं, फिर भी वे दूसरों के द्वारा तैयार किए गए असुरक्षित परिस्थितियों को समझने में विफल रहते हैं - और सड़कों पर इसकी कीमत चुकाते हैं। केवल एक सुरक्षित ड्राइवर होना सड़कों पर पर्याप्त नहीं है - हमें एक रक्षात्मक ड्राइवर होना चाहिए।

आप तब तक सुरक्षित नहीं हैं, जब तक आप - घर पहुंच नहीं जाते हैं।

हमारे आस-पास होने वाली कई दुर्घटनाओं को देखने और सोशल मीडिया में उपलब्ध वीडियो का विश्लेषण करने के बाद एक ऐसी पुस्तक प्रकाशित करने की आवश्यकता महसूस हुई। वास्तव में कोई नहीं सोचता कि उनके साथ भी ऐसा कुछ हो सकता है; आम धारणा यह है कि दुर्घटनाएं दूसरों के साथ ही होती है - अपने साथ नहीं।

सड़क सुरक्षा को लेकर अनभिज्ञता की जड़ें इतनी गहरी हैं कि लोग अनजाने में ही सड़कों पर अपना कीमती जीवन जोखिम में डाल देते हैं । सड़कों पर वाहन चालकों का व्यवहार कभी-कभी इतना लापरवाह होता है कि इसका परिणाम केवल एक चूक या एक दुर्घटना ही हो सकता है। लेकिन हम उन्हें पूरी तरह नज़रअंदाज़ नहीं कर सकते और ना ही उन्हें उनके भाग्य पर छोड़ सकते हैं; क्योंकि ऐसे ड्राइवर सुरक्षित ड्राइवरों के लिए भी असुरक्षित स्थिति पैदा करते हैं।

इस पुस्तक में हमारे सड़कों पर व्याप्त ऐसी सभी परिस्थितियों को आपके सामने लाया गया है। इससे दोनों प्रकार के ड्राइवर, सुरक्षित वाहन चालन के प्रक्रिया से अनभिज्ञ चालक और सुरक्षित वाहन चालक; लाभान्वित हो सकते हैं। पहले प्रकार के ड्राइवरों को अपने तरीकों में सुधार लाने का अवसर मिलता है और एक सुरक्षित चालक - खुद को खराब से खराब स्थिति के लिए तैयार कर सकता है।

199 देशों में, सबसे अधिक दुर्घटनाओं में होने वाली मौतों के लिए आज भारत का नंबर पहला है। विश्व में सड़क दुर्घटनाओं के कारण होने

वाली मौतों का 11% हिस्सा भारत में होता है। हमारे देश में हर साल औसतन 4,50,000 सड़क दुर्घटनाएँ होती हैं, जिसके परिणामस्वरूप 1,50,000 लोग मारे जाते हैं और लगभग 4,50,000 लोग घायल होते हैं; घायलों में से कई स्थायी रूप से विकलांग हो जाते हैं।

भारत, 2015 में ब्राजील में आयोजित, सड़क सुरक्षा पर दूसरे वैश्विक उच्च स्तरीय सम्मेलन का एक हस्ताक्षरकर्ता है, जिसे ब्रासीलिया घोषणा के रूप में जाना जाता है। जिसमें 2030 तक, दुर्घटनाओं से होने वाली मौतों और चोटों को आधा करने का संकल्प लिया गया है और भाग लेने वाले देश सतत विकास द्वारा इस दिशा में काम कर रहे हैं।

मोटर वाहन संशोधन विधेयक, 2019 - अगस्त 2019 में संसद के दोनों सदनों द्वारा पारित किया गया था और अब यह एक अधिनियम बन गया है। यह सड़क सुरक्षा में सुधार करेगा, नागरिकों को परिवहन विभागों के साथ उनके व्यवहार में सुगमता प्रदान करेगा, ग्रामीण परिवहन नेटवर्क में सुधार, सार्वजनिक परिवहन और स्वचालन, कम्प्यूटरीकरण और जागरूकता पैदा करने के साथ यातायात कनेक्टिविटी को भी मजबूत करेगा।

देश में ऑनलाइन सेवाएं और कुशल, सुरक्षित और भ्रष्टाचार मुक्त परिवहन प्रणाली - सड़क परिवहन परिदृश्य में बड़े पैमाने पर सुधार करेगी। भारत में दुनिया का दूसरा, सबसे बड़ा सड़क नेटवर्क है, जो कुल 5.89 मिलियन किलोमीटर का है। यह सड़क नेटवर्क देश में सभी माल का 64.5% हिस्सा परिवहन करता है और भारत के कुल यात्री, यातायात के 90% आवागमन के लिए सड़क नेटवर्क का ही उपयोग करता है।

देश में शहरों, कस्बों और गांवों के बीच बेहतर संपर्क के साथ सड़क परिवहन में, पिछले कुछ वर्षों में धीरे-धीरे वृद्धि हुई है। भारत में राजमार्ग का निर्माण,महामारी और लॉकडाउन के बावजूद, वित्त वर्ष 2021 में 13,298 किमी का हुआ है। केंद्रीय बजट 2022-23 के तहत, भारत सरकार ने रु 1,99,107.71 का बजट सड़क परिवहन और राजमार्ग मंत्रालय को आवंटित किया है।

ये घटनाक्रम सड़क परिवहन परिदृश्य को बड़े पैमाने पर बदलने जा रहे हैं; बेहतर बुनियादी ढांचे के साथ, सड़कों पर औसत गति में भी वृद्धि होगी। यदि ड्राइवरों के व्यवहार संबंधी पहलू को नहीं बदला गया, तो संभव है -हमारे देश में दुर्घटनाओं में भी वृद्धि हो सकती है।

हमें इस संभावना के लिए खुद को तैयार करना होगा और जागरूकता फैलाकर ही इसे रोका जा सकता है। हमें मौजूदा बुनियादी ढांचे में स्कूल जैसी शिक्षण की एक प्रणाली बनानी होगी; इस उद्देश्य के लिए विशेष रूप से प्रशिक्षित ट्रेनर तैयार करने होंगे। ऑनलाइन प्रारूप भी शायद काफी हद तक इस उद्देश्य की पूर्ति कर सकता है - क्योंकि यह अब सबसे स्वीकृत प्रारूप के रूप में उभर कर आया है , COVID के बाद है।

आमुख

हमें उन्हें युवावस्था में ही प्रशिक्षित करना है

हमारी वर्तमान ड्राइविंग लाइसेंस जारी करने की प्रक्रिया, ज्यादातर ड्राइविंग कौशल और कुछ हद तक सड़क यातायात संकेतों के ज्ञान पर ही केंद्रित है। सड़कों पर कुछ परीक्षण मानक प्रारूप में किए जाते हैं और लाइसेंस जारी किए जाते हैं। ड्राइविंग स्कूलों में भी प्रशिक्षण होता है, जहां एक प्रशिक्षक उन्हें सुरक्षित स्थानों पर बुनियादी प्रशिक्षण देने के बाद सड़क पर परीक्षण के लिए ले जाता है। इन ड्राइविंग प्रशिक्षण वाहनों में दोहरा नियंत्रण होता है और जब प्रशिक्षक असुरक्षित स्थिति देखता है तो हस्तक्षेप करता है। प्रशिक्षक पुरुष और महिला दोनों अपनी पूरी कोशिश करते हैं और अधिकांश ड्राइवर इस प्रक्रिया में भली-भांति सीख जाते हैं और वास्तविक सड़क की परिस्थितियों में भी काफी अच्छा करते हैं।

समस्या सड़कों पर आती है, जब; अकेले चालक को - सड़क की वास्तविक परिस्थितियों का सामना करना पड़ता है । हालांकि ज्यादातर ड्राइवर अपने को सड़कों पर अधिकांश स्थितियों को सुरक्षित रूप से संभालने में सक्षम पाते हैं; पर हमारा मौजूदा सिस्टम ड्राइवर को सड़क पर हर आने वाले परिस्थितियों के लिए तैयार नहीं कर पाता है। अंत में सड़क पर जब चालक खुद को ऐसी स्थिति में पाता है जिसमें , टकराव या टक्कर को रोकने के लिए; तत्काल हस्तक्षेप की आवश्यकता होती है; कई बार; वह सही निर्णय लेने में विफल हो जाता है।

एक कुशल ड्राइवर सड़क पर अपने वाहन चालन को इस तरह रखता है जिससे असुरक्षित परिस्थितियां पैदा ही न हो - इस तरह के व्यवहार को सुरक्षात्मक व्यवहार कहते है। पर अगर एक ड्राइवर इस तरह के ड्राइविंग के तरीकों से अनभिज्ञ हो, तो वह जब अपने आप को मुश्किल में पाता है ; तो उसे जो तरीका आसान लगता है उसे अपनाकर उन परिस्थितियों का सामना करता है, जो अक्सर उसे परेशानी में डाल देता।

हमारे अधिकांश ड्राइवर वाहनों की गति को कम करने की परवाह किए बिना, बाधाओं को दूर करने के लिए केवल स्टीयरिंग या हैंडल का उपयोग करते हैं और यह हमारे अधिकांश सड़क दुर्घटनाओं का प्रमुख कारण है। ड्राइवरों को कोई भी कार्रवाई करने के लिए अपने अपने दर्पणों का और परिवेश की निगरानी जरूर कर लेनी चाहिए, कई ड्राइवर ऐसा करते हैं - पर कई वाहनों में वे दर्पण और संकेत लैंप का रखरखाव ही नहीं करते हैं; खासकर टेल लैंप का।

देश में कुछ ऐसी सुविधा होनी चाहिए जो एक ड्राइवर को सड़क सुरक्षा के इन सभी पहलुओं को भी सिखाए, हमारा मौजूदा सेटअप निश्चित रूप से इन चीजों को नहीं छू रहा है। पुराने समय में; जब सड़कों पर वाहन कम थे और वे उतने शक्तिशाली नहीं थे जितने अब हैं; मां-बाप अपने बच्चों को कई टिप्स सिखाते थे। अब स्थिति बदल चुकी है ; कई बार माता-पिता एक दिन अपने बच्चों को कहीं अचानक गाड़ी चलाते हुए देखते हैं।

सरकारों द्वारा अब कई पहल की जा रही हैं और सड़क सुरक्षा पर आवश्यक ध्यान दिया जा रहा है; चीजें निश्चित रूप से सुधरेंगी। हम पिछले 10 साल से इस दिशा में काम कर रहे हैं। हमारे शैक्षिक वीडियो YouTube में उपलब्ध हैं और जागरूकता पैदा करने के लिए विशेष रूप से एक ऐप भी लॉन्च किया गया है।

YouTube में आप दुनिया भर में होने वाले दुर्घटना से संबंधित वीडियो के लिए एक विशाल सब्सक्राइबर बेस देख सकते हैं; लेकिन वास्तव में हमें जीवन बचाने वाले वीडियो को देखना चाहिए, जिसके लिए दुर्घटनाओं के रोकथाम के तरीकों की जानकारी और जागरूकता की आवश्यकता है।

इस पुस्तक के माध्यम से हमारा उद्देश्य अपने युवाओं को एक सुरक्षात्मक ड्राइवर बनाना है और भारत के माथे से - दुनिया के सबसे अधिक सड़क दुर्घटनाओं से होने वाली मौत वाला देश - का धब्बा मिटाना है। हादसों से मौत का हमारा वर्तमान दर, प्रतिदिन 400 से अधिक मौतों का है, प्रत्येक 4 मिनट में 1 मौत; इसे आधा करना होना है - अगले 3 वर्षों में या उससे भी कम समय में।

1

भारतीय सड़क का भविष्य

NHAI (भारतीय राष्ट्रीय राजमार्ग प्राधिकरण) 2022-23 में प्रति दिन 50 KM की आश्चर्यजनक दर से 25,000 किलोमीटर राष्ट्रीय राजमार्ग बनाने की योजना के साथ आगे बढ़ रहा है। भारत की गति शक्ति, 81 मेगा परियोजनाओं की सूची पर काम कर रही है, जिनमें से सड़क व संरचना विकास परियोजनाएं सर्वोच्च प्राथमिकता पर हैं।

इन सभी परियोजनाओं को गति शक्ति पोर्टल के माध्यम से पूरी तरह से डिजीटल प्रक्रिया में तेजी से अनुमोदन कर कार्यान्वित किया जा रहा है। केंद्रीय बजट 2022-23 में, सरकार ने केंद्रीय सड़क निधि के लिए आवंटन में 19% की वृद्धि करने की योजना बनाई है, प्रस्तावित कुल निधि रु 2,95,150 करोड़ है।

अधिक ईंधन खपत वाले वाहनों सड़क से हटाने के लिए पुराने वाहनों की स्क्रैपिंग, जीपीएस आधारित टोल संग्रह, टोल टैक्स संग्रह को सुव्यवस्थित करने के लिए फास्ट-टैग कार्यान्वयन, सड़क सुरक्षा में सुधार के नियम-जैसे वाणिज्यिक ट्रक ड्राइवरों के लिए निश्चित ड्राइविंग घंटे और वाणिज्यिक वाहनों में स्लीप डिटेक्शन सेंसर स्थापित करने का आदेश, सड़कों पर ई-वाहनों को प्रोत्साहित करने के लिए राष्ट्रीय राजमार्गों पर हर 40 से 60 किलोमीटर पर चार्जिंग स्टेशन स्थापित

करने की योजना है। सड़क परिवहन और राजमार्ग मंत्रालय ने उन 14 राज्यों में सड़क सुरक्षा कार्यक्रमों के लिए 7,270 करोड़ रुपये आवंटित किए हैं, जिनमें भारत की सड़क दुर्घटनाओं का कुल 85% हिस्सा हो रहा है।भारत में सड़क के बुनियादी ढांचे को मजबूत करने और सड़क सुरक्षा को बढ़ाने के लिए सरकार द्वारा की गई , यह कुछ प्रमुख पहल हैं।

2025 तक भारतीय सड़कों का लेआउट पूरी तरह से अलग होगा, सुरक्षा के बुनियादी ढांचे सबसे आधुनिक होंगे, अवरोध न्यूनतम होंगे, सीधी लंबी सड़कें होंगी और निश्चित रूप से इसका मतलब है कि औसत गति में काफी वृद्धि होगी।

सड़कों पर ड्राइवरों और उनके व्यवहार में अगर बदलाव नहीं आता है तो दुर्घटनाओं में एकाएक वृद्धि हो जाएगी; हमें नए भारत को अपनाने के लिए वास्तव में कमर कसनी होगी।

वर्तमान में कुछ ड्राइवरों का रवैया लापरवाह है और कुछ दूसरों में सड़क सुरक्षा के प्रति पूरी तरह अज्ञानता है। सड़क पर कुछ ड्राइवर ऐसा व्यवहार करते हैं जैसे अन्य सभी ड्राइवर उन्हें बस रास्ता दे देंगे, और वे जिस तरह से चाहें गाड़ी चलाएंगे। यह ड्राइवर वास्तव में सड़क के नियमों और इसकी सुरक्षा को बिल्कुल नहीं समझते हैं ।

हमें दोनों श्रेणियों के ड्राइवरों को प्रशिक्षित करना होगा। वास्तव में हमें एक ऐसी प्रणाली बनानी होगी जो ड्राइवरों को लाइसेंस जारी करने से पहले उन्हें प्रशिक्षित करेगी; ताकि वे प्रक्रियाओं से अनभिज्ञ न रहें; साथ ही हमें लाइसेंस जारी करने में इतना उदार भी नहीं होना चाहिए। लाइसेंस जारी करने के लिए, प्रशिक्षण संस्थानों (सरकारी या निजी) को शामिल करने पर विचार किया जाना चाहिए।

2

डिजाइन दोष

हमेशा ड्राइवरों की गलती नहीं होती है; कभी-कभी हमारी सड़क की स्थिति और उसका डिज़ाइन भी दुर्घटना का कारण बन सकता है। बहरहाल, सड़क की स्थिति जो भी हो; चालक अंततः प्रथम व्यक्ति है; जो एक दुर्घटना को रोक सकता है। चूंकि सभी नियंत्रण उसके पास हैं, उसे अपने परिवेश का निरीक्षण करना होगा; जिसमें शामिल होता हैं - सड़कों पर उपस्थित अन्य सभी वाहन, अन्य सड़क का उपयोग करने वाले, सड़क की स्थिति, जलवायु, दृश्यता और उसके बाद ही उसे उचित कार्रवाई करनी होती है।

चालक अपने साथ हुई दुर्घटनाओं के लिए किसी को दोष नहीं दे सकता, क्योंकि सड़क पर हर बुरी स्थिति के लिए हमेशा एक सुरक्षित रास्ता होता है - हमें, इसे अपनी सुरक्षा के लिए और दूसरों की सुरक्षा के लिए तलाशना पड़ता है।

कुछ स्थानों पर सड़क के डिजाइन में कुछ खामियां हो सकती है और ऐसी जगहों पर बार-बार दुर्घटनाएं होती हैं। अंधा मोड, खराब रोशनी, उचित निकास का ना होना इत्यादि कुछ डिज़ाइन पहलू हैं जो दुर्घटना का कारण बन सकते हैं।

सड़क पर दृश्यता में बाधा (दिखाई ना देना) हमारे सिस्टम की सबसे महत्वपूर्ण डिजाइन खामियों में से एक है। अधिकांश कोनों को सड़क के अंत तक अवरुद्ध कर दिया जाता है और जिसके कारण एक चालक

जब तक सड़क के किनारे तक नहीं पहुंच जाता है, तब तक वह अन्य सड़कों के यातायात को नहीं देख पाता है। यह रुकावट ज्यादातर वहां एक अस्थायी संरचना के रूप में विकसित होती है और इसे आसानी से हटाया जा सकता है। इस तरह के कोने को /क्रॉस रोड को इस तरह डिज़ाइन किया जाना चाहिए - कि ड्राइवर के जंक्शन पहुंचने के पहले ही ,दोनों तरफ के यातायात उसे पूरी तरह नजर आ जाए। अगर हम अपने सड़क से इस एक बाधा को पूरी तरह हटा देते हैं तो सड़क पर बहुत सारी दुर्घटनाओं की संभावना ही खत्म हो जाती है।

हमारे कई ड्राइवर एक जंक्शन और एक नियमित सीधे सड़क के बीच अंतर नहीं करते हैं; और वे जंक्शनों में भी समान गति रखते हुए चलते हैं; उनकी यह आदत और दृश्यता की समस्या , हमारे देश में होने वाले दुर्घटनाओं के प्रमुख कारणों में से एक है।

सभी छोटे या बड़े चौराहे - कहीं भी यह समस्या हो सकती है, पर एक चालक के रूप में हर किसी को अपनी सावधानी बरतनी होगी; और अधिकारियों को इसे एक सुधार के अवसर के रूप में समझना चाहिए।

पुरानी सड़कों पर कई जगह माध्यिकाएँ होती हैं जहाँ ड्राइवर यू टर्न लेते हैं। कई राजमार्गों में ऐसी जगहों पर सुरक्षित बफर जोन नहीं होते हैं। ड्राइवरों को एक फास्ट लेन में रुकने और अगले फास्ट लेन में मोड़ने के लिए मजबूर होना पड़ता है; कई दुर्घटनाएं तब होती हैं जब दूसरे चालक आकर सीधे उन्हें टक्कर मार देते हैं।

सड़क में डिज़ाइन दोष जो भी हो; यदि कोई चालक सावधानी बरतता है तो वह किसी भी दुर्घटना को रोक सकता है। कई दुर्घटनाएं तब होती हैं जब चालक जल्दबाजी में अचानक निर्णय लेता है। वह अचानक यू टर्न देखता है और कार्रवाई करता है; पीछे या आगे के चालकों का ध्यान दिए बिना।

सभी आधुनिक आने वाली सड़कों में ये समस्याएँ नहीं होंगी। इस पुस्तक का उद्देश्य ऐसे किसी भी मुद्दे पर चर्चा करना नहीं है, यह पुस्तक भारतीय सड़कों का उपयोग करने वाले प्रत्येक चालक में एक रक्षात्मक चालक बनाने और उन्हें हमारे देश में हो रही सड़क क्रांति के लिए तैयार करने पर केंद्रित है।

3

चालकों की भूमिका

एक ट्रेन या विमान में, सुरक्षा कारणों से दो ड्राइवर और 2 पायलट होते हैं। सड़कों पर, जहां वाहनों के आवागमन के अलावा, पैदल चलने वाले, जानवर, असुरक्षित सड़क की स्थिति और कई अन्य अप्रत्याशित खतरे हैं - चालक एक अकेला ही होता है, जिसे सभी स्थितियों को अकेले ही संभालना होता है।

ड्राइविंग एक कला है जिसे हर ड्राइवर अपने तरीके से करता है; और अंततः सड़कों पर हमारे बने रहने का उद्देश्य - अपनी सुरक्षा और दूसरों की सुरक्षा सुनिश्चित करते हुए गाड़ी चलाना और समय पर गंतव्य तक पहुंचना है। अन्य कौशलों की तरह, अलग-अलग ड्राइवर की दक्षता अलग-अलग होती है और इसलिए एक परिस्थिति में दो ड्राइवरों की प्रतिक्रिया एक दूसरे के समान हो, जरूरी नहीं है।

ड्राइवरों में इसके अलावा भी और कई कारण होते हैं जो सड़कों पर उनके व्यवहार और उनके वाहन चलाने की कार्यकुशलता को बदल देते हैं। चालक और वाहन की आयु, चालक की मानसिक स्थिति, सड़क का अनुभव, वाहन पर भार का प्रकार, आदि कुछ कारक हैं। यदि सभी चालक अपेक्षित तरीके से व्यवहार करना शुरू कर दें तो दुर्घटनाओं की संख्या में भारी कमी आएगी; हालांकि ऐसा कभी नहीं होता है।

कई निकट चूक के मामले बड़े पैमाने पर होते रहते हैं लेकिन किसी एक चालक द्वारा समय पर सुधारात्मक कार्रवाइयों से दुर्घटना में

परिवर्तित नहीं होते हैं और यह सुरक्षित ड्राइविंग का एक बहुत ही महत्वपूर्ण पहलू है। एक चालक के रूप में; हमें न केवल अपनी सुरक्षा के लिए सतर्क रहना चाहिए, हमें दुर्घटना को रोकने के लिए दूसरों की गलतियों पर भी नजर रखनी चाहिए, दूसरों के ड्राइविंग करने के तरीके का भी अनुमान लगाना चाहिए।

यातायात की सुगम आवाजाही सभी की जिम्मेदारी है और इसलिए सड़क पर हमारे हर कार्यों को इसे हमेशा सुनिश्चित करने की दिशा में ही करना चाहिए। एक ड्राइवर को दूसरे ड्राइवर में कई गलतियां मिल सकती है लेकिन वह उन्हें ठीक करने के लिए कुछ नहीं कर सकता है, इसलिए उन्हें अनदेखी करना और आगे बढ़ना - सड़कों पर सबसे अच्छा विकल्प है।

अधिकांश दुर्घटनाएँ टाली जा सकती हैं यदि दो ड्राइवरों में से, एक सही कदम उठाता है जो आमतौर पर एक रक्षात्मक चालक लेता है। इसलिए हमारा उद्देश्य सभी स्थितियों में सबसे उपयुक्त कदम उठाना होना चाहिए। यह सच है कि सड़क पर सभी ड्राइवरों द्वारा एक समान व्यवहार करने की संभावना नहीं रहती है; लेकिन अगर सभी यह जानते हो कि किसी विशेष स्थिति में कैसे व्यवहार करना है तो सड़क पर सुरक्षा का एक अलग ही अर्थ हो जाएगा।

एक बुनियादी बात हम सभी को नहीं भूलना चाहिए कि, सुरक्षा एक व्यवहारिक पहलू है। हम लोगों को सुरक्षा के बारे में प्रशिक्षित करने के लिए जो भी प्रयास करते हैं; जब तक वे स्वयं इसे दिल से स्वीकार नहीं करते , तब तक वे हमेशा जोखिम में ही रहते है। साथ ही बिना किसी औपचारिक जानकारी या सुरक्षा के प्रशिक्षण के कोई व्यक्ति यदि सड़कों पर कोई भी कार्रवाई करने से पहले, अपने मन में एक सरल प्रश्न पूछें, तो उसका जीवन सुरक्षित हो जाएगा - वह है : इस स्थिति में सबसे अच्छा समाधान क्या हो सकता है ?

सड़क सुरक्षा कोई रॉकेट तकनीक नहीं है, हमें बस इसे एक बड़े खतरे के रूप में स्वीकार करना है - जिसका समाज और हम सब, सड़कों पर सामना कर रहे हैं। फिर, अपने आप ही, सभी सुरक्षित विकल्प सड़कों पर हमें दिखाई देने लगेंगे। सभी बेहतरीन समाधान पहले से ही हमारे भीतर

हैं - हमें बस इसे तलाशना है।

हमारे सारे हादसे एक ही बात की ओर इशारा कर रहे हैं; हम सड़कों पर बिना एक संभावित खतरे के बारे में सोचे-समझे अनायास ही सड़क पर व्यवहार कर रहे हैं। बस एक छोटा सा संयम कई दुर्घटनाओं को रोक सकता है और जागरूकता, इस खतरे को पूरी तरह खत्म कर सकती है। यह पुस्तक दूसरे पहलू यानी जागरूकता पर, ध्यान केंद्रित कर रही है - लेकिन यदि सभी व्यक्ति संयम रखते हैं और सड़क पर सही व्यवहार करते हैं, तो समाज के लिए इस पुस्तक की आवश्यकता ही नहीं है।

इस पुस्तक को लिखने का उद्देश्य चालक को सड़क पर पैदा होने वाली हर विपरीत स्थिति के बारे में बताना और उन्हें सर्वोत्तम संभावित सुरक्षित प्रतिक्रिया से लैस कराना है। पुस्तक की सामग्री अभी संपूर्ण नहीं है और इसे एक पूर्ण संदर्भ पुस्तिका बनाने के लिए कई और संशोधनों की आवश्यकता हो सकती है। पहल की गई है और यह समय के साथ विकसित होगी ,पाठकों के सहयोग से।

4

सड़कों पर हकीकत

हम अक्सर यह भूल जाते हैं कि एक सामान्य गति भी हमारी जरूरतों को पूरा कर सकती है।

इससे पहले कि हम सड़क सुरक्षा के बारे में विस्तार से बात करें, हमें यह पता होना चाहिए कि सड़कों पर दुर्घटना से बचना हमारे लिए क्यों बहुत जरूरी हो जाता है। हमें एक बहुत महत्वपूर्ण मुद्दे को समझना चाहिए , जिसका हम आज सड़कों पर सामना कर रहे हैं। आज सड़क दुर्घटना में मरने वाले बहुत से लोगों में कई, वास्तव में जीवित रह सकते थे - यदि समय पर उनका उपचार किया गया होता; और यही पहलू सड़क पर सुरक्षित रहने के लिए हमारी प्रेरणा एक बड़ा ही स्त्रोत होना चाहिए।

किसी भी दुर्घटना पीड़ित का जीवित रहने का एक सुनहरा अवसर होता है यदि उसे समय पर अस्पताल पहुंचाया जाता है तो- पीड़ित को यदि प्राथमिक चिकित्सा प्रदान करने के बाद, फिर स्थानांतरित कर दिया जाता है; तो उसके बचने की संभावना बहुत ज्यादा बढ़ जाती है। और यह सब दुर्घटना के बाद के, पहले 1 घंटे में ही हो जाना चाहिए - इस 1 घंटे के समय को मेडिकल की भाषा में "स्वर्णिम घंटे" के रूप में जाना जाता है। यह एक घंटा एक दुर्घटना पीड़ित के लिए बड़ा ही निर्णायक साबित होता है।

सड़क की परिस्थितियों में अधिकांशतः ऐसा संभव नहीं हो पाता है और समय पर एम्बुलेंस प्राप्त करना - समय पर अस्पताल पहुंचना, यह

सब दूर-दराज के क्षेत्रों में नामुमकिन हो जाता है। कभी-कभी दूसरों को दुर्घटना के बारे में, कई घंटों के बाद पता चलता है।

स्वर्णिम समय के भीतर चिकित्सा सुविधा में पहुंचने वाला एक मरीज डॉक्टरों को उसे जीवित रखने का मौका देता है। यदि साइट पर प्राथमिक उपचार दिया जाए तो बचने की संभावना कई गुना हो जाती है।

दुर्भाग्य से हमारे देश में आम जनता को इस तरह के प्राथमिक उपचार के बारे में शिक्षित करने की कोई व्यवस्था नहीं है, लेकिन ऐसे मामले हैं जब प्रशिक्षित लोगों ने कई लोगों की जान बचाई है। यहां तक कि बिना औपचारिक प्रशिक्षण वाला व्यक्ति भी पीड़ित को बचा सकता है; हमें बस आगे बढ़ना है। अगर पीड़ित हम में से एक है तो हम क्या करेंगे - हम उन्हें उनके भाग्य पर तो नहीं छोड़ेंगे ना ? कुछ भी - जो मामले को जटिल नहीं करेगा, निश्चित रूप से पीड़ित को फायदा ही देगा। हमने प्राथमिक उपचार के बारे में विस्तार से पुस्तक के अंत में चर्चा की है।

आज के समय में पीड़ित को किसी भी तरह एंबुलेंस बुलाकर अस्पताल पहुंचाने तक ही आसपास के लोग अपनी जिम्मेदारी समझते हैं और आम तौर पर उसके बाद कोई भी जुड़ा नहीं रहता है, सब अपने काम में व्यस्त हो जाते हैं। इसलिए भी एक सड़क दुर्घटना से बचना बहुत जरूरी हो जाता है।

कुछ साल पहले, शाम को ऑफिस से वापस आते समय, लेखक को सड़क पर एक दुपहिया दुर्घटना पीड़ित के आसपास भीड़ दिखाई देती है, दुर्घटना लगभग 10 - 12 मिनट पहले हुई थी।

वह व्यक्ति खून से लथपथ, बिना किसी हलचल के, मुंह के बल लेटा हुआ था। सेल फोन में वीडियो बनाए जा रहे थे और एंबुलेंस के लिए सूचना पहले ही भेजी जा चुकी थी। देखने वाले ने बताया कि पीड़ित की मौत हो चुकी है और पुलिस को भी इसकी सूचना दे दी गई है। सिर्फ उसका चेहरा घुमाकर और उसके वायु मार्ग को खोल देने पर, उसने सांस लेना शुरू कर दिया और बाद में अस्पताल में बच भी गया।

सभी मॉडर्न वाहनों को सड़क पर होने वाले जटिल से जटिल दुर्घटनाओं के लिए तैयार किया जाता है। उनको हर संभावित खतरों

से बचने के लिए तैयार किया जाता है। पर जिस तरह उनका सड़क पर दुरुपयोग किया जाता है, अच्छे से अच्छा डिजाइन भी एक ड्राइवर को बचा नहीं सकता। इन हालातों में, यह सोच कर की इन आधुनिक वाहनों में, एक ड्राइवर कुछ भी करके, बच निकलेगा तो यह संभव नहीं है। वाहन कितना भी आधुनिक क्यों ना हो, उसे चलाने वाला अगर एक सुरक्षात्मक तरीके से चलाने वाला ड्राइवर नहीं है, तो एक अत्याधुनिक वाहन भी एक असुरक्षित ड्राइवर के लिए कफन बन सकता है।

इसलिए इन सब को देखते हुए यह बहुत महत्वपूर्ण हो जाता है कि, सड़क पर ड्राइवर वाहन को इस तरीके से चलाएं; कि इस प्रकार की स्थिति उत्पन्न ही ना हो।

रक्षात्मक ड्राइविंग सड़कों पर एक ऐसी ड्राइविंग है जो हमेशा, स्वयं की और सड़कों पर रहने वालों की; सुरक्षा सुनिश्चित करती है। रक्षात्मक चालक द्वारा की गई सभी कार्यवाही केवल इसी उद्देश्य के लिए की जाती हैं। कोई भी जन्म से रक्षात्मक चालक नहीं होता है पर सौभाग्य से यह कौशल हासिल किया जा सकता है; बस जरूरत है - एक सीखने के प्रयास का।

सभी नए ड्राइवर, जब वे स्वतंत्र रूप से सड़कों पर वाहन चलाना शुरू करते हैं, तो शुरू में उन्हें आसानी से और आत्मविश्वास से चलने में कुछ कठिनाई होती है। जैसे-जैसे समय आगे बढ़ता है, अधिक से अधिक अभ्यास के साथ, वे एक अच्छे ड्राइवर के रूप में तैयार हो जाते हैं।

प्रत्येक चालक के जीवन में ड्राइविंग के विभिन्न चरण क्रम से आते हैं - शुरू में एक नई गाड़ी की गति का आकर्षण उन्हें रोमांचित करता है। वे दूसरों को दिखाना चाह सकते हैं, और यहाँ - उनकी अपरिपक्वता कभी-कभी दुर्घटना का कारण बनती है। इस चरण में नए ड्राइवर के साथ, कई दुर्घटनाएँ होती हैं, लेकिन कई, जो इस चरण को सुरक्षित रूप से पार कर लेते हैं - अंततः आगे चलकर एक रक्षात्मक चालक बन जाते हैं।

हालाँकि हकीकत यही है कि युवा लोग अभी भी दुर्घटनाओं के शिकार हो रहे हैं और लगभग 45% मौतें , 18 से 40 वर्ष के आयु वर्ग के लोगों की ही होती है। प्रतिदिन करीब 30 लोग ऐसे मरते हैं जिनकी उम्र 14 से

18 के बीच की होती है।

देखा जाए तो कोई भी दुर्घटना का शिकार नहीं होना चाहता है, पर यह हमारे सोच तक ही सीमित ना रह कर, हमारे हर कार्यकलापों में सड़कों पर नजर आनी चाहिए। अगर आपको YouTube पर दुर्घटना के वीडियो देखने को मिलता हैं तो एक बार जरूर देखिए; जिस तरह से आसानी से वाहन चालक सड़कों पर अपनी जान गवां देते हैं, उसे देखकर आप हैरान रह जाएंगे। उनका व्यवहार इतना लापरवाही का होता है, कि दुर्घटना का होना तो लगभग तय ही रहता है।

सड़कों पर कई प्रकार के वाहन 2-पहिया, 4-पहिया (LMV और HMV), अतिरिक्त चौड़े शरीर वाले वाहन और अतिरिक्त-लंबे वाहन हैं। कार का वजन लगभग 1 टन होता है और एक खाली ट्रक का वजन लगभग 6 टन और भरे ट्रक का वजन 30 टन होता है। हमारे शरीर के अंगों के ऊपर से गुजरने वाले ऐसे भारी वजन के बारे में सोचें, कभी-कभी सिर के ऊपर भी। तेज रफ्तार, वाहन अगर वजनी ना हो तो भी उसके प्रभाव से होने वाला दर्द , अकल्पनीय है। हमारे शरीर के अंग टक्कर के इस प्रभाव का सामना नहीं कर सकते हैं; वे बस हमारे शरीर से अलग हो जाते हैं।

लेकिन कोई भी वास्तव में इन सब दुर्घटनाओं को लेकर परेशान नहीं होता है । हमारी सड़कों पर हर दिन 400 से ज्यादा मौतें हो रही हैं और हर साल 4,50,000 से ज्यादा दुर्घटनाएं किसी न किसी जगह होती हैं। दुर्घटनाओं के प्रकार हैं यात्री या गाड़ी को ठोकर मारना, टक्कर, पलटना और जिनके कारण हैं, तेज गति से गाड़ी चलाना, जल्दबाजी में गाड़ी चलाना, नियमों का पालन न करना, शराब पीकर गाड़ी चलाना इत्यादि।

जो ड्राइवर एक लापरवाह ड्राइवर के रूप में अपने ड्राइविंग की शुरुआत करते हैं, वे अंततः अनुभव, उम्र या किसी दुर्घटना से बचने के बाद, एक रक्षात्मक ड्राइवर बन सकते हैं। हमारा उद्देश्य रक्षात्मक चालक बनाने के लिए समय बर्बाद करना नहीं है; लेकिन उन्हें सुरक्षात्मक ड्राइवर बना कर ही सड़क पर उतारना है।

प्रत्येक चालक को , सड़कों पर वाहन चलाने से पहले; यह जानने और समझने का अधिकार है कि वह - सड़कों पर होने वाले हर संभावित

खतरों की बारीकियों को जाने। यह पुस्तक भारत में मृत्यु दर को कम करने के उद्देश्य से बनाई गई है। दुर्घटनाओं का विस्तार से विश्लेषण करने पर यह पाया गया है कि लगभग हर दुर्घटना के पीछे एक कारण होता है और यह कारण बार-बार एक और नए दुर्घटना का कारण बनता है और लोगों को मौत के मुंह में धकेलता है। हमने इन्हीं सभी कारणों को एक जगह संकलित कर इस पुस्तक के रूप में ड्राइवरों के समक्ष रखने का प्रयास किया है, ताकि वे इन्हें पढ़कर, सड़क पर इनका सुरक्षित तरीके से सामना कर सके।

यदि कोई ड्राइवर, दुर्घटनाओं के होने वाले कारणों की इस जानकारी से सुसज्जित होता है; और पहले से ही उन परिस्थितियों को निपटने के तरीकों को जानता है - तो संभव है, दुर्घटनाओं में एक बड़ी गिरावट आ सकती है। हमें अपनी सड़कों को सुरक्षित बनाने के लिए , रक्षात्मक ड्राइविंग के सॉफ़्टवेयर को ड्राइवरों के दिमाग में स्थापित करना होगा। इस पुस्तक में हमने ठीक यही किया है और 50 से भी अधिक कारणों को इस पुस्तक के द्वारा प्रस्तुत किया है, जो लगभग 80% से भी ज्यादा दुर्घटनाओं के लिए जिम्मेदार होती है।

सड़क दुर्घटना इंसान की हैसियत नहीं देखती है ; कई जानी मानी हस्तियां हैं जो या तो अपने ड्राइवर की गलतियों के कारण, या अन्य वाहनों के कारण या अपनी खुद की गलतियों के कारण, सड़कों पर हताहत हुए हैं। वास्तव में एक रैश ड्राइवर सड़कों पर किसी के लिए भी खतरनाक हो सकता है और उन्हें प्रशिक्षण देना राष्ट्र के हित में है। एक सेलिब्रिटी को ले जाने वाले ड्राइवर पर अधिक जिम्मेदारियां होती हैं; और उन्हें सड़क पर ले जाते समय पूरी तरह से रक्षात्मक तरीके से व्यवहार करना चाहिए। सड़क पर सेलिब्रिटी की उपस्थिति लोगों की जानकारी में आने से भी, सड़क पर माहौल बदल जाता है।

माता-पिता अक्सर अपने बच्चों को वाहन भेंट करके उनकी उपलब्धियों को पहचानते हैं। ऐसे कई मामले हैं जब ऐसे युवा चालक व्यस्त क्षेत्रों में तेज गति से वाहन चलाते हैं और बड़े दुर्घटनाओं का कारण बनते हैं। माता-पिता को ऐसे वाहन उपहार में देने से पहले, बच्चों को सड़कों पर आने वाले खतरों के बारे में शिक्षित करने की आवश्यकता

को भी समझना चाहिए।

वो दिन अलग थे, जब वाहन संख्या में कम थे और गति कम थी, यातायात कम था; अब चीजें बदल गई हैं। वाहन बहुत शक्तिशाली हैं, गति अधिक है, सड़क पर यातायात कई गुना बढ़ गया है - हमें अपने बच्चों के लिए और दूसरों की सुरक्षा के लिए सावधान रहने की आवश्यकता है। कई मामलों में परिवार ने अपने प्रियजनों को दुर्घटनाओं में खो दिया है या अब भी दुर्घटनाओं से शुरू हुई कानूनी लड़ाई लड़ रहे हैं।

एक सुरक्षात्मक चालक

काफी दुर्घटनाओं को रोका जा सकता है - और केवल एक ड्राइवर ही ऐसा कर सकता है।

रक्षात्मक ड्राइविंग, ड्राइविंग का वह तरीका है जिसमें एक ड्राइवर सुरक्षित ड्राइविंग नीतियों का उपयोग करता है और सड़क पर पूर्वानुमानित तरीकों से - पहले से ही पहचाने गए खतरों को अपने से दूर रखने में सक्षम होता है।

आधुनिक वाहनों में वे सभी गैजेट उपलब्ध हैं, जो एक ड्राइवर को सुरक्षा के लिए सड़क पर मदद करते हैं - और साथ ही साथ हमारी सड़क पर अभी भी कई पुराने वाहन हैं जिनमें ऐसा कोई प्रावधान नहीं है।

एक सुरक्षित चालक हमेशा सड़क पर कोई भी निर्णय लेने के लिए अपनी आंखों पर विश्वास करता है और शीशों में देखने के अलावा, वह अपनी गर्दन भी घुमा कर यह सुनिश्चित करता है कि उसे आसपास का दृश्य बहुत ही स्पष्ट दिखाई दे रहा है। और इसे अमल में लाने में उसे कोई भी तकलीफ या अवरोध नजर आता है तो वह तुरंत अपनी गति को धीमी कर देता है और सुरक्षित रूप से सड़क पर आगे जाता है।

वह हमेशा अपने चारों ओर एक सुरक्षा का माहौल बनाने के लिए अपने पास के ड्राइवरों के साथ आंखों का संपर्क बनाए रखने की भी कोशिश करेगा, यह सुनिश्चित करने के लिए; कि उन दोनों के विचारों में कोई मतभेद नहीं है।

5

खुद के सारथी बनिए

आप इस दुनिया में किसी के लिए बेशकीमती है और अपनी या दूसरों की गलती के कारण, सड़क पर एक दुर्घटना का शिकार कतई नहीं हो सकते हैं।

सड़क पर सुरक्षा की शुरुआत हम से होती है; और सड़कों पर चलते समय सभी को इस महत्वपूर्ण पहलू को ध्यान में रखना चाहिए। हर व्यक्ति जो सड़क का किसी ना किसी रूप में उपयोग करता है समाज के लिए बहुत ही महत्वपूर्ण हैं। वे अपने परिवार के लिए प्रिय हैं, उनके लिए बच्चे या माता-पिता हो सकते हैं; और कोई न कोई हमेशा घर पर आपका इंतजार करता है।

वाहन चलाते समय इस बात पर विचार करें कि आप अपने वाहन में एक महत्वपूर्ण व्यक्ति को ले जा रहे हैं - और कोई भी इस तथ्य से इनकार नहीं कर सकता है: आप वास्तव में किसी के लिए सबसे कीमती हैं। इस व्यक्ति की किसी भी कीमत पर रक्षा करना आपका प्राथमिक कर्तव्य है - और यह आपको उस विशेष व्यक्ति के लिए करना है, जो आपकी प्रतीक्षा कर रहा है। कई, जो अपने जीवन के पतझड़ के वर्षों में हैं, निश्चित रूप से अपने शुरुआती वर्षों में एक स्थिति का सामना कर चुके होंगे; जब एक दुर्घटना उनके जीवन को पूरी तरह से बदल सकती थी; लेकिन उस दिन सड़क पर उनके निर्णय ने उन्हें बचा लिया।

हर दिन हम सड़कों पर 400 से अधिक लोगों को खो देते हैं, आज जब आप इस पुस्तक को पढ़ रहे हैं; इस देश के 400 नागरिक जिंदा घर वापस नहीं आएंगे। जरा सोचिए; अगर वे किसी तरह आज अपने नियति के इस निर्णय को बदलने में सक्षम हो जाएं, तो उनकी जिंदगी उन्हें एक अलग ही मुकाम पर ले जाएगी। एक ड्राइवर को हमेशा अपनी सुरक्षा के बारे में सोचना चाहिए। सड़कों पर हमारे कई कार्य करने के तरीके ही बदल जाएंगे - अगर सड़क सुरक्षा के इस पहलू को हम ठंडे दिमाग से सोचे।

सड़क पर दुर्घटनाएं इसलिए नहीं होती कि हम नियमों की अवहेलना करते हैं और गलतियां करते हैं, बल्कि इसलिए होती है कि हम सड़क सुरक्षा के बारे में विचार ही नहीं करते; यह एक विचार ही तो आपको इन दोनों गलतियों को करने से रोकेगा

आप सड़कों पर ड्राइवर की विभिन्न भूमिकाएँ निभाते हैं; कभी आप अपने आप को, कभी अपने प्रियजनों को, कभी मित्रों को या कभी-कभी लोगों के समूह को, या किसी गणमान्य व्यक्ति को - एक हस्ती को, साथ लेकर चलते हैं। इन अवसरों पर आपकी मानसिक स्थिति भिन्न भिन्न हो सकती है - कभी-कभी हर्षित, रोमांचित, तनावग्रस्त और जल्दी में। कोई भी सड़क दुर्घटना, जो हमारे आसपास होती है; उसमें ज्यादातर एक चालक की त्रुटि पाई जाती है, करीब 80% दुर्घटनाओं में । और यदि कोई दुर्घटना होने से टल जाती है तो यह सिर्फ और सिर्फ एक ड्राइवर ने ही कर दिखाया है।

यदि ड्राइविंग की अहमियत इतनी ज्यादा है और इसमें इतनी कीमती ज़िंदगिया शामिल हैं, तो सड़कों पर एक ड्राइवर क्यों; कभी-कभी बहुत ही बुनियादी गलतियाँ करते हैं, यह हमारे दिमाग से परे है। एक ड्राइवर को बिना एक बार भी सोचे एक छोटे से गैप में से गाड़ी लेकर जाते हुए देखा जा सकता है। वास्तव में एक चालक को अपनी आंख से जितनी दूर तक साफ दिखाई देता है , उससे एक इंच भी आगे की नहीं सोचना चाहिए। उसे हमेशा अपने तुरंत लिए जाने वाले, अगले कदम की सुरक्षा पर विचार करना चाहिए। आखिरकार कभी-कभी एक छोटी सी गलती की कीमत; उसे अपने स्वयं के जीवन को देकर, चुकाने की नौबत आ सकती है।

कई युवाओं को सड़कों पर पीछे सवारी बैठाकर बहुत खतरनाक तरीके से रैश ड्राइविंग करते हुए देखा जा सकता है। हमने देखा है कि इस तरह लापरवाही से खतरनाक तरीके से गाड़ी चलाना, कई बार एक दुर्घटना में तब्दील हो जाता है।और इन दुर्घटनाओं में कई अन्य निर्दोष सड़क का उपयोगकर्ता व्यर्थ में ही हताहत हो जाता है। एक ड्राइवर को कभी भी अपने और दूसरों के लिए खतरा नहीं बनना चाहिए।हम सड़कों पर अपनी मंजिल तक सुरक्षित समय पर पहुंचने के लिए आते हैं ना कि, किसी दुर्घटना का शिकार होने के लिए, वह भी बिना अपनी गलती के।

दुर्भाग्यवश, सोशल मीडिया में इस प्रकार के वीडियो को दर्शकों की एक बड़ी संख्या मिल जाती है और दर्शक इन वीडियो को नियमित रूप से देख रहे हैं। इससे पता चलता है कि सड़क सुरक्षा के प्रति हमारा दृष्टिकोण क्या है। रैश ड्राइविंग से होने वाले इन दुर्घटनाओं के बाद, यदि चालक बच जाता है; ऐसे मामले हैं, जहां उन्हें आसपास के लोगों ने मिलकर पीटा है।

हर किसी के पास अपना एक ड्राइवर हो यह जरूरी नहीं है, लेकिन सभी ड्राइवर - निश्चित रूप से अपने लिए तो एक ड्राइवर होते हैं। अगर आप सुरक्षित हैं - सभी सुरक्षित हैं। आपकी अपनी सुरक्षा, औरों की सुरक्षा सुनिश्चित करती है।

क्या आपने कभी सोचा है, आज भारत का सबसे ख़तरनाक पेशा, ड्राइविंग है - हर दिन 400 से ज्यादा मौतें - किसी भी पेशे में इतना खतरा नहीं है।

एक ड्राइवर या मोटर साइकिल सवार के रूप में आप कोई सामान्य कार्य नहीं कर रहे हैं; आपके सहित, कई कीमती ज़िंदगिया दांव पर हैं। आप अपने आप को खतरे में डालेंगे, यह तो हो नहीं सकता - आप इसे होने नहीं देंगे। यह सोच अगर सड़क पर हर एक ड्राइवर के दिल में आ जाए, तो ड्राइवर के व्यवहार में बहुत सारे बदलाव आ जाएंगे।

6

दूसरों की सुरक्षा का विचार

जैसा कि हम पहले ही बता चुके हैं; ड्राइविंग कौशल हर व्यक्ति का दूसरे व्यक्ति में भिन्न होता है और हम वास्तव में सड़क पर किसी ड्राइवर को सुधारने के लिए कुछ भी नहीं कर सकते; क्योंकि हम एक साथ तो, केवल कुछ सेकंड के लिए रहते हैं। तो सबसे अच्छी तैयारी यह है कि कभी यह उम्मीद ही ना करिए कि आपको सड़क पर एक बेहतर ड्राइवर से सामना होगा और इसी हिसाब से सड़क पर गाड़ी चलाइए।

सड़क पर चलते समय हमेशा दूसरों की सुरक्षा का भी ख्याल रखें। सड़क पर हर किसी को अपने चारों तरफ एक सुरक्षित क्षेत्र की आवश्यकता होती है और यह अन्य सभी ड्राइवरों की जिम्मेदारी है कि वे ड्राइवर को यह क्षेत्र उपलब्ध कराएं। एक रक्षात्मक चालक हमेशा यह सुनिश्चित करेगा कि उसका वाहन अन्य वाहनों से सुरक्षित रूप से दूर रहता हैं। इसके लिए उसे अपने वाहन की लंबाई और चौड़ाई का बहुत ही स्पष्ट अंदाजा रहता है; विशेष रूप से वाहन के वह कोने; जो उसे प्रत्यक्ष रूप से दिखाई नहीं देता है।

जंक्शनों और चौराहों के आसपास जब धीमी गति से गाड़ी चलाने की जरूरत होती है; तो हमें बहुत सावधान रहना चाहिए कि हम किसी को न छुएं। हमारी गति ऐसी होनी चाहिए कि हम सामने वाले वाहन से ना

टकराएं, साथ ही हमारी ब्रेकिंग की आवश्यकता ऐसी होनी चाहिए, कि हम पीछे वाले वाहन को हमसे टकराने ना दें।

धीमी गति में चालक, चीजों को आसानी में ले लेते हैं और कभी-कभी सड़कों से अपनी नजरें हटा लेते हैं - 1 सेकंड भी अगर आपका ध्यान सड़क से हटता है तो वह कभी-कभी घातक हो सकता है।

जिस क्षण कोई व्यक्ति "दूसरों की सुरक्षा की चिंता" को रक्षात्मक चालक की मुख्य जिम्मेदारी मानता है; दुर्घटना का कारण बनने वाली कई स्थितियां अपने आप गायब हो जाती हैं। अब चालक को अधिक गति से गाड़ी ना चलाने, अंतराल को बनाए रखने, दर्पणों को बनाए रखने, प्रभावी ब्रेक, इंडिकेटर दिखाना, और डिपर का प्रयोग, इन सब का महत्व समझ में आने लगता है । क्योंकि एक दूसरे ड्राइवर की सुरक्षा के लिए यह सब बहुत ही महत्वपूर्ण है।

यदि आप अपनी खुद की अपेक्षाओं को ध्यान दें कि सड़क पर आप खुद क्या चाहते हैं, निश्चित रूप से आप अपने सामने एक ऐसे ड्राइवर को चाहते हैं जो आपकी सुरक्षा को अहमियत दें।यह सिर्फ एक हाथ देना दूसरे हाथ लेना है, आज कई दुर्घटनाएं इसलिए हो रही है कि हम सड़क सुरक्षा के इस महत्वपूर्ण पहलु को बिल्कुल ही भूल गए है।

कभी-कभी, ट्रैफ़िक की किसी स्थिति के कारण ड्राइवर किसी को साइड नहीं दे पाता है; ऐसे उदाहरण हैं जहां उन्होंने ड्राइवर का पीछा किया और अगले जंक्शन पर उसकी गाड़ी को पत्थरों से मारा।

ड्राइविंग में मन की शांति सबसे महत्वपूर्ण चीज है; यदि यह ना हो, तो दोनों पक्षों को प्रभावित करता है। सड़कों पर सुरक्षित रूप से ड्राइव करने के लिए हमें अपना मन शांत रखना चाहिए और ट्रैफिक की स्थिति और अपनी ड्राइविंग क्षमताओं के अनुसार - हमेशा दूसरों को भी रास्ता देते जाना चाहिए - अगर आपको लगता है कि आप इससे तेज नहीं चल सकते। यदि वास्तव में स्थिति आपके आकलन के अनुसार ही है, तो जो पीछे से हॉर्न बजा रहा था, आप पाएंगे - सामने आता है। हमेशा दूसरों को प्राथमिकता दीजिए, अगर वह आपसे आगे निकल जाने की स्थिति में है तो ।

हमारी सड़कों पर; आपको ऐसे कई ड्राइवर मिल जाएंगे जो किसी के ओवरटेक करने की कोशिश करने पर, अपनी गति बढ़ा कर उसे सुरक्षित जाने नहीं देते हैं।

सड़कों पर कभी भी, किसी के साथ बहस ना करें, भले ही आप सही हों - आप शायद उस तर्क को जीत सकते हैं; लेकिन एक ड्राइवर के रूप में, आप अपनी आगे की यात्रा में - कभी-कभी असफल हो सकते हैं।

बस ध्यान रखें - दूसरों की सुरक्षा की चिंता करते ही सड़क पर गाड़ी चलाना आपके लिए अपने आप सहज हो जाता है। सभी शायद इस पर विश्वास न करें और कई लोगों के लिए यह हंसी का विषय भी हो सकता है - लेकिन जो इसे मानते हैं, वे इसे सड़कों पर महसूस करते हैं, अनुभव भी करते हैं।

7

जंक्शन और चौराहों की सुरक्षा

अगर हम चाहते हैं कि हम सड़क पर सुरक्षित रहें तो इसकी शुरुआत जंक्शनों और चौराहों पर हमारे व्यवहार से होती है।

कभी भी तेज गति से चौराहों को पार न करें

दुर्भाग्य से चौराहा वह जगह है जहां हमारे देश में सबसे ज्यादा हादसे होते हैं। कारणों का विश्लेषण करने के बाद; यह तथ्य बहुत स्पष्ट रूप से उभरता है - कि ड्राइवर जंक्शनों पर अपनी गति को धीमा नहीं कर रहे हैं और यदि वह बिना सिग्नल के एक जंक्शन है तो कई ड्राइवर नियमों का पालन ही नहीं कर रहे हैं। ट्रैफिक पुलिस और सिग्नल वाले जंक्शन में, जंक्शन पार करते समय तेज रफ्तार और ट्रैफिक पुलिस की नजरों से बचकर गाड़ी निकालना हादसों का एक प्रमुख कारण है।

एक रक्षात्मक चालक एक जंक्शन को देखने से अपनी गति को हमेशा धीमा कर देता है; धीमा होने का मतलब अचानक धीमा करना नहीं है। चालक को आने वाले चौराहे या जंक्शन के बारे में बताने के लिए सड़क पर कई संकेत दिए गए हैं; जैसे साइन बोर्ड या रंबल स्ट्रिप्स। जैसे ही एक रक्षात्मक ड्राइवर अपनेआगे एक जंक्शन देखता है; वह तुरंत

आवश्यक सुरक्षात्मक कार्रवाई करता है और सभी सुरक्षा मानदंडों और ट्रैफिक सिग्नल का पालन करते हुए जंक्शन को पार करता है।

कई चौराहे होते हैं; जहां कोई लाइट का प्रावधान नहीं होता और ट्रैफिक पुलिस की पोस्टिंग भी नहीं रहती। इस प्रकार के जंक्शनों में सुरक्षा सुनिश्चित करने और आगे बढ़ने की जिम्मेदारी ड्राइवर की व्यक्तिगत होती है। ऐसे सभी क्षेत्रों में एक सुरक्षित चालक धीमा हो जाता है; बाएँ और दाएँ देखता है और सुरक्षा सुनिश्चित करने के बाद आगे बढ़ता है। बस चालक के मन में चौराहे पर चौकस रहने की यह भावना बस जानी चाहिए। यह एक पहलू हमारे देश में इतना महत्वपूर्ण है कि; अगर हर कोई अगर चौराहों पर सुरक्षा का पूरी तरह पालन करना शुरू कर दें तो 30% दुर्घटनाएं हमारी सड़कों से गायब हो जाएंगी।

वास्तव में एक जंक्शन पहुंचने से थोड़ा पहले अगर एक ड्राइवर अपनी गाड़ी की गति को धीमा कर देता है तो सड़क की सुरक्षा काफी हद तक बढ़ जाती है। इस तरह एक चालक पीछे के वाहन की गति को नियंत्रित कर सकता है। कई दुर्घटनाएँ ऐसी होती हैं जिनमें पिछला वाहन आप से टकराता है; जब कोई संकेत या कोई अन्य सुरक्षा आवश्यकता आपको चौराहे पर रुकने के लिए बाध्य करती है। पीछे के वाहन, हमेशा आगे के वाहन को हमारी सड़कों पर; लगातार चलने के लिए मजबूर करने की कोशिश करते रहते हैं और इसलिए उनकी गति को भी, परोक्ष रूप से नियंत्रित करना हमारा कर्तव्य है।

एक जंक्शन में आप हमेशा अप्रत्याशित घटनाओं की उम्मीद कर सकते हैं जैसे आगे वाला व्यक्ति अचानक ब्रेक लगाता है; अचानक एक व्यक्ति मोड़ने का फैसला करता है, एक पैदल यात्री - एक जानवर भी आपके सामने से निकल सकते हैं और जो आपको ब्रेक लगाने के लिए मजबूर कर सकता है और पीछे वाला व्यक्ति आपसे टकरा सकता है। जंक्शनों को पार करते समय कभी भी अपनी नज़र सड़कों से न हटाएं।

सुरक्षित गति से चौराहों को पार करना हमेशा सबकी सुरक्षा सुनिश्चित करता है। आपको सड़कों पर कुछ ड्राइवर ऐसे भी मिल जाएंगे, जिन्हें अपने ब्रेक के ऊपर में बहुत ज्यादा भरोसा होता है। वे काफी तेजी से वाहन चलाते हैं और जहां रुकने की जरूरत होती है, लगभग वही

पहुंचकर तेजी से ब्रेक लगाते हैं। उनकी है आदत कई बार चौराहों पर एक बड़ी दुर्घटना का कारण बनती है जब ऐन वक्त पर उनका ब्रेक फेल हो जाता है , या किसी और कारण से वे ब्रेक नहीं लगा पाते हैं।

जब सड़क पर कोई ट्रैफिक ना हो, या कम ट्रैफिक वाला समय, सुबह सुबह का वक्त, देर रात जब कोई भी आसपास नहीं होता है, यह सब वह समय है जब ड्राइवर रास्ता खाली देख कर बहुत तेज गति से चलाते हैं और जंक्शनों को पार करते हैं। कई बार वास्तव में आसपास कोई वाहन नहीं रहता, कई बार उन्हें दिखाई नहीं देता। दुर्भाग्य से यह वह समय है जब हमारी सड़कों पर अधिक दुर्घटनाएँ होती हैं।

यह कभी न भूलें कि हमारे जंक्शन मानदंडों के अनुसार नहीं बने हैं, अधिकांश जंक्शन में उचित क्रॉस विजिबिलिटी नहीं होगी और हम कभी-कभी, जंक्शन को सुशोभित करने के लिए; बाड़ लगाना और वृक्षारोपण करना जैसा कार्य भी करते हैं - जिससे सभी के लिए एक दूसरे को देखना बहुत मुश्किल हो जाता है।

जंक्शन वह जगह है जहां फ्लेक्सी बैनर कई लोगों द्वारा लगाए जाते हैं और वे आपकी दृष्टि को अवरुद्ध करते हैं। कोने-कोने में बड़े-बड़े बैनर-सुरक्षा मानकों का घोर उल्लंघन-लेकिन यह हकीकत है।

हम जानते हैं कि एक वाहन एक सेकंड में 22 मीटर की दूरी तय कर सकता है, अगर वह 80 किमी / घंटा की गति से चल रहा हो। तेज गति - अवरुद्ध दृष्टि; जब आप जंक्शन क्षेत्र को पार करते हैं तो ये सभी आपके लिए अन्य ड्राइवरों / वाहनों को देख पाना, बहुत मुश्किल बना देते हैं। 1 सेकंड से भी कम समय लगता है आप को चौराहे के उस क्षेत्र को पार करने में , दुर्घटना होना लगभग तय ही होता है।

तो दिन का समय जो भी हो, सड़क पर ट्रैफिक हो ना हो- जोखिम तो हमेशा रहता है - जंक्शन से धीरे-धीरे आगे बढ़ें और सावधानी से आसपास की के सब गतिविधियों पर स्पष्ट निगरानी रखते हुए।

सिग्नल को लाँघ कर कभी ना जाए

वाहनों की नियंत्रित आवाजाही के लिए, यातायात संकेत प्रदान किए जाते हैं - ताकि सड़कों पर सुरक्षा सुनिश्चित हो सके। दुर्भाग्य से हमारी कई दुर्घटनाएं, ऐसे ट्रैफिक सिग्नल जंक्शनों पर ही होती हैं। सड़क पर चालकों की अधीरता ऐसी दुर्घटनाओं का प्रमुख कारण है - इसके बाद चालकों द्वारा नियमों का उल्लंघन करना; वे नियमों का पालन करते हैं - अगर कोई उनकी निगरानी कर रहा हो तो।

कुछ साल पहले हम रात के करीब 11 बजे , विदेश में एक राजमार्ग पर थे - सिग्नल अभी भी चालू था पर सड़क पर कोई यातायात नहीं था। लाल सिग्नल में एक अकेला बाइक सवार धैर्यपूर्वक उसके हरे होने की प्रतीक्षा करते देखा गया; निगरानी कैमरे भी इस तरह के व्यवहार का कारण हो सकते हैं लेकिन ऐसे ड्राइवर हमारे देश में भी हैं।

एक रक्षात्मक चालक नियम का पालन अनुपालन के लिए नहीं बल्कि सड़कों पर सुरक्षा सुनिश्चित करने के लिए करता है।

सिग्नल के हरे होने से तुरंत या हरा होने से पहले वाहनों को चालू करना - लाल पर नहीं रुकना

सड़क सुरक्षा एक मनःस्थिति है; दुर्घटना - मन की अनुपस्थिति है

हमारी सड़कों की स्थिति में, कई ड्राइवर रेड सिग्नल के तुरंत बाद नहीं रुकते हैं, कुछ उसके बाद भी निकलने की कोशिश करते हैं, यह मानते हुए कि अगले क्रम से ड्राइवरों के आने से पहले सुरक्षित निकल जाएंगे। उनकी यह सोच तब गलत साबित हो जाती है जब अगले ग्रीन सिग्नल का ड्राइवर तुरंत या थोड़ा जल्दी ही शुरू हो जाता है।

कुछ ऐसे समय होते हैं जब यातायात कम होते हैं; देर रात, जल्दी सुबह, दोपहर का समय। कभी भी जब ट्रैफिक कम होता है तो कई ड्राइवर यह मान लेते हैं कि वे लाल सिग्नल को लाँघ कर भी सुरक्षित निकल जाएंगे। आम तौर पर जब सिग्नल चालू होते हैं, तो अधिकांश सामान्य

चालको में इसको पूरी तरह पालन करने की प्रवृति होती है। जब भी ऐसे ड्राइवर कभी - कभार जोखिम उठाते हैं; अन्य ड्राइवरों के लिए यह उनका अनजान कदम होता है और वे अचानक इस उल्लंघनकर्ता को अपने रास्ते में पाते हैं। आप देख सकते हैं कि कई वाहन चालक आपको कभी-कभी यातायात के प्रवाह के विरुद्ध गाड़ी चलाते हुए दूसरों के लिए बहुत असुरक्षित स्थिति पैदा करते नजर आएंगे।

एक रक्षात्मक चालक, यदि लाइन पार करने से पहले रेड सिग्नल के आने की संभावना हो ; तो वह एक योजनाबद्ध तरीके से रुक जाएगा; और ग्रीन सिग्नल पर शुरू करते समय - अपने आस-पास की स्थिति का जायजा लेकर और फिर धीमी सुरक्षित गति से गाड़ी शुरू करेगा।

पीला/अम्बर/येलो सिग्नल के बाद जंक्शन पार करना

आपका गंतव्य सुरक्षित ड्राइविंग के लिए एक पुरस्कार है

जंक्शनों/चौराहों पर अम्बर/पीली रोशनी के दिखते ही ड्राइवर अपनी गति को बढ़ा देते हैं और जल्दबाजी में जंक्शन को पार करने का प्रयास करते हैं। पीले रंग को देखते ही दूर-दूर से कई वाहन चालक अपने आगे वाले ड्राइवरों को जल्दी से जाने के लिए मजबूर करते हुए हॉर्न बजाना शुरू कर देते हैं। हम सभी ज्यादातर पीले रंग को धीमा करने और रुकने का संकेत समझना भूल जाते हैं।

एक रक्षात्मक चालक पीले रंग को देखने के तुरंत बाद धीमा हो जाएगा और वाहन को सुरक्षित रूप से लाइन पर रोक देगा। यदि ऐसा होता है कि वह लगभग रेखा तक पहुँचने के बाद पीला हो जाता है - तो वह आगे बढ़ने पर विचार करेगा लेकिन नियंत्रित गति से। यदि जंक्शन में एक टाइमर है जो शेष समय के बारे में बताता है तो निर्णय लेना आसान हो जाता है।

निश्चित रूप से एक जंक्शन को देखने पर रक्षात्मक ड्राइवर अपनी गति को धीमी कर लेता है और सुरक्षित तरीके से ही चौराहे को पार करता है। धीमी गति हमेशा दुर्घटनाओं की संभावनाओं को कम कर देता है और सही निर्णय लेने में मदद भी करता है वक्त भी देता है।

नियमों का पालन तभी, जब कोई निगरानी करने के लिए आसपास हो ?

यातायात नियमों का पालन हर ड्राइवर को हर हालत में करना होता है; भले ही आसपास ट्रैफिक पुलिस हो या न हो। सभी ड्राइवरों से इसका पालन करने की अपेक्षा की जाती है और सभी ड्राइवर उम्मीद करते हैं कि अन्य ड्राइवर भी इसका पालन करेंगे। और इस स्थिति में यदि कोई चालक इन नियमों का उल्लंघन करता है- तो यह अन्य सभी के लिए एक असुरक्षित स्थिति पैदा कर देता है।

एक स्थिति के बारे में सोचें, कल अगर अधिकारी सभी संभावित स्थानों पर निगरानी कैमरे लगाने का फैसला करते हैं और सभी उल्लंघनकर्ताओं को सबूत के साथ दंड देना शुरू करते हैं। तो क्या स्थिति वही रहेगी या प्रत्येक चालक के व्यवहार में तुरंत बदलाव शुरू हो जाएगा।

एक रक्षात्मक चालक यातायात सिग्नल नियम का पालन नाम मात्र के लिए नहीं करता है, बल्कि इसलिए करता है क्योंकि वह खुद चाहता है कि उनके देश की सड़क सुरक्षित हो और दुर्घटनाओं की संख्या कम हो। अनुशासन बनाए रखने के लिए यह पहलू उस दिशा में उनका प्रमुख योगदान रहता है। यह मान कर चलिए की सड़क पर हमारे सभी व्यवहारों की निगरानी करने वाला एक कैमरा विद्यमान है और अपना व्यवहार हमेशा सुरक्षित रखें।

अपने आप को चौराहे में सही स्थान पर रखें

सावधानी आपसे कुछ खर्च नहीं करवाती। लापरवाही आपकी जान ले सकती है

ट्रैफिक जंक्शन में सिग्नल हरा हो जाने के बाद, कई ड्राइवर सड़क के बाईं ओर से दाईं ओर आना शुरू कर देते हैं; यातायात के प्रवाह के विरुद्ध अपने वाहन को दाईं ओर मोड़ने के लिए। यह योजना, एक

सुरक्षित चालक पहले से करता है और उसी के अनुसार खुद को सड़क पर सही जगह रखता है। ताकि यातायात का प्रवाह प्रभावित न हो और वह सुरक्षित रूप से मुड़ सके।

जंक्शन के अंदर ओवरटेक करना

जंक्शन के अंदर ओवरटेक करना सड़कों पर चालक द्वारा की जाने वाली सबसे घातक कार्रवाई है। चालक जिस वाहन को ओवरटेक करता है उसके कारण उसे, विपरीत दिशा से समकोण में आने वाली गाड़ियां बिल्कुल दिखाई नहीं देती है और वह उन गाड़ियों को दिखाई नहीं देता। इस एक कारण से चौराहों पर सैकड़ों दुर्घटनाएं होती हैं और इसका कारण का पता सभी को होना चाहिए। YouTube ऐसे वीडियो से भरा हुआ है जहां एक ड्राइवर को दूसरी दिशा के वाहन से सीधे टक्कर मारते हुए देखा जा सकता है, बाद में जिस वाहन को उसने ओवरटेक करने की कोशिश की, वह कभी-कभी उसी के ऊपर से निकल जाता है।

आप रेड सिग्नल में चौराहे के भीतर ड्राइवरों को ओवरटेक करते हुए बड़ी दुर्घटनाओं का कारण बनते हुए देख सकते हैं - दो उल्लंघन ; एक जंक्शन में तेज गति से जाना और दूसरा जंक्शन के भीतर ओवरटेक करना - वह भी तब जब सिग्नल लाल हो। बहुत महत्वपूर्ण चीजें और एक ड्राइव को इसे बहुत गंभीरता से याद रखना चाहिए।

8

तेज गति घातक है

तेज गति - सड़कों पर होने वाली मौतों का नंबर एक कारण है, युवा ज्यादातर इसमें फंस रहे हैं - जो एक चक्रव्यूह की तरह इन्हें अपने दलदल में फसा रहा है। एक्सीलरेटर घुमा कर गति बढ़ाना बहुत आसान है; लेकिन सड़क पर सबसे महत्वपूर्ण सुरक्षा नियम यह है कि आप किसी विपरीत परिस्थितियों में कितनी कुशलता से और सुरक्षित रूप से रुकने में सक्षम होते हैं।

सभी आधुनिक वाहनों को किसी भी स्थिति में, सुरक्षित रूप से रोकने के लिए पूरी तरह डिज़ाइन किया गया है। जिन मानक परीक्षण स्थितियों के तहत उनका परीक्षण किया जाता है, वे सड़कों पर पाई जाने वाली जमीनी हकीकत से बिल्कुल अलग रहती है। सड़कों पर सतह फिसलन भरी हो सकती है, कभी-कभी सड़क पर रेत या धूल हो सकती है - जो आपको कोई पकड़ नहीं देगी, कोई आवारा जानवर या बच्चा अचानक सामने आ सकता है; आपको सोचने का भी वक्त नहीं देंगे।

हर सड़क की गति सीमा होती है और राजमार्गों में ऐसे खंड हो सकते हैं जहां कोई प्रतिबंध नहीं रहता हैं। यातायात दिशानिर्देशों का पालन करने के अलावा रक्षात्मक चालक यह भी ध्यान रखते हैं; कि वे कितनी कुशलता से वाहन को नियंत्रित करने में सक्षम होंगे, टायरों की स्थिति कैसी है, वाहन में उपलब्ध ब्रेक के प्रकार (ड्रम, डिस्क या एबीएस), सड़क

की स्थिति, सड़कों पर यातायात, स्कूल क्षेत्र, अस्पताल क्षेत्र जैसे कारकों पर भी विचार करते हैं। इन सब बातों को ध्यान में रखते हुए ही आपको अपनी गति का निर्धारण करना चाहिए।

जब भी सामने वाला व्यक्ति अचानक ब्रेक लगाता है, तो आपको कई दुर्घटनाएँ देखने को मिलेंगी, जिनमें ड्राइवर सीधे आगे के वाहन से टकराते हैं। यह दो कारणों से होता है, एक चालक आवश्यक सुरक्षित दूरी बनाए नहीं रख रहा है और दूसरा उस स्थिति में उसकी गति, निर्धारित से बहुत अधिक है।

यदि आप अपने स्पीड को 10% कम कर देते हैं, तो आपके दुर्घटनाग्रस्त होने की संभावना लगभग 30% कम हो जाती है। आपको अपने ड्राइविंग स्टाइल को हमेशा ध्यान से देखना चाहिए और यदि आपको बार-बार ब्रेक लगाने की आवश्यकता होती है, तो समझ लीजिए कि आप आवश्यकता से अधिक तेजी से गाड़ी चला रहे हैं। यदि आपको अपनी गति बनाए रखने के लिए बार-बार लेन बदलने की आवश्यकता पड़ती है - तो आप तेजी से गाड़ी चला रहे हैं, और आप जोखिम में भी हो सकते हैं। एक रक्षात्मक चालक को बार-बार ब्रेक लगाने और लेन बदलने की आवश्यकता नहीं होती है - यह स्पष्ट रूप से एक रफ ड्राइविंग की प्रवृत्ति की ओर इशारा करता है, जो एक खतरनाक संकेत है।

तेज गति से किसी भी वाहन को चलाने से पहले, हमें वाहन की ब्रेकिंग प्रक्रिया को विस्तार से समझने की बहुत आवश्यकता है। ब्रेकिंग प्रक्रिया के दो प्रमुख अंग हैं प्रतिक्रिया समय और ब्रेकिंग समय, जिसे समझना ब्रेकिंग से संबंधित सुरक्षा को समझने के लिए बहुत जरूरी है। जब हम सड़क पर एक अवरोध देखते हैं और हमें लगता है कि इन परिस्थितियों में एक इमरजेंसी ब्रेक लगाना ही सबसे सुरक्षित उपाय है; तो हमारा दिमाग , उसकी स्वीकृति देकर ब्रेक लगाने का सिग्नल दे देता है । अवरोध को देखने से लेकर - ब्रेक लगाने का निर्णय लेने तक का समय, हमारा प्रतिक्रिया समय होता है और यह सामान्यतः 1 सेकंड के आसपास का होता है।

अब हम ब्रेक लगाते हैं, ब्रेक लगाने बाद, ब्रेक प्रणाली वाहन को रोकने की प्रक्रिया में कार्यरत हो जाती है। और वे अपनी क्षमता के अनुसार,

चलते हुए वाहन को रोक देते हैं। ब्रेक लगाए जाने के बाद से लेकर वाहन के पूर्णतया रुकने तक का वक्त, ब्रेकिंग टाइम के नाम से जाना जाता है। इसका मतलब यह है, एक वाहन - प्रतिक्रिया समय और ब्रेकिंग समय, दोनों को पूरा करके ही वास्तव में रुकता है। और इस पूरी अवधि के दौरान वाहन लगातार आगे चलता रहता है; पहले 1 सेकंड तक, उसी गति से चलता रहता है जिससे कि वह चल रहा था, तदोपरांत ब्रेकिंग टाइम के दौरान धीरे-धीरे जाकर रुक जाता है।

ब्रेकिंग के दौरान तय की गई दूरी इस बात पर भी निर्भर करती है कि सड़क की सतह सूखी है या गीली। सूखी सतह पर 80 किमी/घंटा के रफ्तार से चलने वाला एक 4 पहिया वाहन, 69 मीटर के बाद रुकेगा। यदि सतह गीली है, तो यह 85 मीटर के बाद ही रुकेगा। इसी तरह 90 किमी/घंटा के लिए ये दूरी 83 और 103 मीटर, 100 किमी/घंटा के लिए 98 और 122 मीटर, और 110 किमी/घंटा के लिए 113 और 143 मीटर के करीब होती हैं। ये आंकड़े हमें यह समझने के लिए काफी है कि, तेज गति में गाड़ी चलाने से ब्रेक लगाने पर भी - खतरा बना ही रहता है।

अगर एक वाहन ब्रेक लगाने के बाद भी इतनी दूरी तय कर कर रुकता है, तो एक दुर्घटना का होना तो लगभग तय ही रहता है। और यदि यह इमरजेंसी ब्रेक लगाने वाली स्थिति किसी घुमावदार सड़क पर आती है, तो ड्राइवर के लिए परिस्थितियां और भी जटिल हो जाती हैं। क्योंकि अब वाहन के फिसलने का भी डर आ जाता है, एक घूमते हुए वाहन को तीव्र गति पर सड़क के साथ बांधे रखना एक ड्राइवर के लिए काफी मुश्किल का काम हो जाता है।

दुर्घटना जब तेज गति से चलने वाले वाहनों में होती है , तो लगने वाले चोटों की भी गंभीरता कई गुना बढ़ जाती है। चूंकि सड़क पर हमारा उद्देश्य, पूरी तरह से एक दुर्घटना से हमेशा बचना होता है, इसलिए गति को नियंत्रित रखना ही दुर्घटना का सबसे अच्छा संभव रोकथाम है। तीव्र गति पर तो - एक सीमा के बाद, कभी-कभी वाहन अपने आप ही दुर्घटनाग्रस्त हो जाता है - इसके लिए कोई बाधा या अवरोध की आवश्यकता नहीं होती है; चालक स्वयं ही वाहन का नियंत्रण खो देता है।

यदि आप रेसिंग ट्रैक को देखें, जहां आधिकारिक तौर पर बाइक या कार को अधिकतम संभव गति से चलाया जा सकता है, वहां की परिस्थितियां सड़कों से पूरी तरह भिन्न होती है। वहां जो सुरक्षा के साधन उन्हें पहनाया जाता है, वे भीषण से भीषण दुर्घटनाओं के स्थितियों में भी ड्राइवर को सुरक्षा प्रदान करने हेतु डिजाइन किए हुए रहते हैं। रेस ट्रैक और फिल्मों में इस तरह के स्टंटों को देखने के बाद, प्रभावित युवकों को कई बार, बिना एक हेलमेट के ही - सड़कों पर रेसिंग करते हुए देखा जा सकता है। हमें स्पष्ट रूप से यह समझना चाहिए कि वे प्रशिक्षित हैं और पेशेवर हैं - और अगर वह दुर्घटनाग्रस्त होते भी हैं - तो उनके शरीर का एक भी हिस्सा जमीन को छूएगा भी नहीं, वे इतने ढके हुए रहते हैं।

फिल्मों में अधिकांश स्टंट सीन तो स्टूडियो के अंदर ही तैयार कर लिए जाते हैं, फिल्म के एक पात्र को कई बार वाहन चलाने के लिए सड़क तक आने की आवश्यकता ही नहीं होती है। हमें इन सब बातों को समझ कर आंखें बंद कर, सड़कों पर अपनी और दूसरों की जान जोखिम में नहीं डालनी चाहिए।

एक सुरक्षित और रक्षात्मक तरीके से वाहन चलाने वाले चालक को, आमतौर पर सड़क पर अचानक ब्रेक लगाने की जरूरत ही नहीं पड़ती है। वह अपने आस-पास के यातायात प्रवाह को बहुत बारीकी से देखता है और अपनी गति और वाहनों के बीच के अंतर हमेशा सुरक्षित रखता है। इसलिए एक वाहन की सुरक्षित गति वह गति है, जो चालक को वाहन पर पूर्ण नियंत्रण देती है और उस क्षेत्र के अन्य वाहनों के औसतन गति के आस पास होती है ।

सड़क के प्रत्येक खंड की एक औसत गति होती है जो उस क्षेत्र के कई परिस्थितियों के आधार पर निर्धारित होती और हर पल बदलती रहती है; जैसे, वाहनों की संख्या, दिन का कौन सा समय, मौसम की स्थिति, स्कूल या कार्यालय का समय, एक चालक को अपनी गति - उसी के अनुसार निर्धारित करनी चाहिए।

कई बार हमारे दिमाग में यह प्रश्न आता है कि दो वाहनों के बीच कितनी दूरी - सुरक्षित दूरी है; जब आप किसी वाहन को पीछे चल रहे हो

तब। यदि आप 60 से कम गति पर चल रहे हो तो आपके वाहन द्वारा 3 सेकंड में तय की गई दूरी, आपको निश्चित करने की आवश्यकता है। 80 किमी और अधिक के लिए; यह दूरी आपके वहां द्वारा 6 सेकंड में तय की जाने वाली दूरी के बराबर होनी चाहिए।आप की जानकारी के लिए 60 किलोमीटर की रफ्तार से चलने वाली गाड़ी एक सेकंड में 25 मीटर की दूरी तय करती है, 70 पर चलने वाली 29 मीटर, 80 - 33 मीटर, 90 - 38 मीटर, 100 - 42 मीटर और 110 - 46मीटर।

अपनी गति को नियंत्रित में रखें इससे आपका दूसरे वाहन से टकराने की संभावना ना के बराबर हो जाती है। एक सुरक्षित गति न केवल दुर्घटना की संभावना को कम करती है; साथ ही साथ विपरीत परिस्थितियों में हमें उचित निर्णय लेने का अवसर और समय दोनों ही प्रदान करती है।

घुमावदार सड़कों में यदि आप अधिक गति से वाहन चलाते हैं, तो आपके सड़क की सीमा को लांघ आगे खाई में जाकर गिरने की संभावना एकदम से बढ़ जाती है। कई दुर्घटनाएँ तब होती हैं जब चालक घुमावदार सड़कों पर सड़क के साथ-साथ तेज गति के कारण अपनी गाड़ी को घुमा नहीं पाते और सीधा बैरिकेड से टकराते हैं। इस तरह की दुर्घटनाओं में ड्राइवर अपनी सड़क छोड़ दूसरे सड़क पर चला जाता है और किसी वाहन के पहियों के अंदर घुस जाता है।

घुमावदार सड़कों पर, एक सुरक्षित ड्राइवर को बिना कुछ सोचे समझे, अपनी गति को कम कर देना चाहिए। कभी-कभी घुमावदार सड़कों पर एक जंक्शन भी हो सकता है; ये दोनों मिलकर सड़कों पर एक घातक परिस्थिति तैयार कर देते हैं। लेकिन अगर आप अपने वाहन को एक सुरक्षित धीमी गति पर लाए, तो सुरक्षा अपने आप सुनिश्चित हो जाती है।

9

ब्रेकिंग की प्रक्रिया को समझे

तेज गति से गाड़ी चलाना और जरूरत पड़ने पर उसे सही तरह से ब्रेक लगा पाना , एक दूसरे के पूरक नहीं है। तेज गति हमेशा एक असुरक्षित स्थिति पैदा करती है और चालक के लिए आवश्यकता पड़ने पर वाहन को सुरक्षित रूप से रोकना ज्यादातर मुश्किल ही हो जाता है। सभी आधुनिक वाहनों में ब्रेकिंग में एक बड़ा सुधार आया है और अधिकांश 4 पहिया वाहनों में ABS तकनीक भी दी गई है जो पहिया को लॉक नहीं होने देता और वाहनों की स्लिप होने से रोकता है। यह सिस्टम अब हाई एंड बाइक में भी उपलब्ध है। अधिकांश वाहनों में अब डिस्क ब्रेक सामान्य रूप से दिया जाता है।

आप कितने प्रभावकारी ढंग से ब्रेक लगा पाते हैं यह कई बातों पर निर्भर करता है, जैसे आपके वाहन की गति , वाहन में किस प्रकार का ब्रेक प्रयुक्त किया गया है - डिस्क, ड्रम या एबीएस , टायर का कंडीशन, सड़क की स्थिति, टायरों में हवा का दबाव, वाहन का वजन, सड़क कहीं घुमावदार तो नहीं, और अगर दो पहिया वाहन है तो पीछे बैठा हुआ व्यक्ति इत्यादि। घुमावदार सड़कों पर और एक सतह जहां पर धूल या कीचड़ हो, तो आप का वाहन फिसल भी सकता है।

यदि आप केवल अगले ब्रेक का ही प्रयोग करते हैं, तो हो सकता है आपकी गाड़ी फिसल जाए। साधारणतया, दोनों अगले और पिछले ब्रेक, या फिर सिर्फ पिछले ब्रेक का ही प्रयोग, दोपहिया वाहनों में किया जाता है। चार पहिया वाहनों में, ब्रेक लगाने पर चारों पहियों में एक साथ अपने आप ब्रेक लग जाता है।

इसलिए सड़क पर ड्राइविंग करते समय हमारा प्रयत्न यह रहना चाहिए कि अचानक ब्रेक लगाने की आवश्यकता ही ना पड़े; और इसके लिए एक सुरक्षित ड्राइवर सड़क पर; अपनी पैनी नजर से परिस्थितियों का अवलोकन कर, अपनी गति को नियंत्रित करता रहता है।

अपने आगे के वाहन की ब्रेक लाइट के ऊपर पूरी तरह भरोसा करके, एक वाहन के पीछे कभी भी मत चलिए, हो सकता है वह काम ही ना करता हो। एक सुरक्षित वाहन चालक, अपनी गति के हिसाब से दो वाहनों की बीच की दूरी को निर्धारित करता है - जितनी अधिक गति होगी, दूरी उतनी ज्यादा। अपने ब्रेक लाइट को वह हमेशा चालू हालत में रखता है।

10

अचानक लेन का बदलना

सड़कों पर हम कई ड्राइवरों को, खाली रास्तों में सर्पाकार तरीकों से दोपहिया वाहन चलाते हुए देख सकते हैं। कभी-कभी उनकी यह आदत उन्हें मुश्किल परिस्थितियों डाल देती है।

एक वीडियो गेम में आपके हाथ में सिर्फ वाहन की गति और दिशा का ही नियंत्रण रहता है; आप गति को कम तो कर सकते हैं लेकिन इसे तुरंत नहीं रोक सकते। सड़कों पर एक चालक का गति, दिशा पर नियंत्रण तो होता ही है इसके साथ साथ, वाहनों को रोकने के लिए उनमें ब्रेक का भी प्रावधान रहता है।

वीडियो गेम साधारणतया, सिर्फ वाहन की दिशा को बदल बदल कर ही खेला जाता है, और इसे हम किसी तरह खत्म करने की कोशिश ही करते हैं। एक वीडियो गेम एक स्पर्धा होती है और जीतना हमारा लक्ष्य, अन्य सभी ड्राइवर हमारे प्रतिस्पर्धी होते हैं।

दुर्भाग्य से, सड़कों पर भी कई ड्राइवर ऐसा ही व्यवहार करते हैं। वे अपने वाहन को, सिर्फ और सिर्फ दिशा बदल कर निकाल लेने का प्रयत्न करते रहते हैं - ब्रेक का प्रयोग करते ही नहीं है, एक वीडियो गेम की तरह। वे इस प्रतिस्पर्धा को हर हालत में जीतना चाहते हैं, अन्य वाहन चालकों के लिए कभी-कभी असुरक्षित वातावरण तैयार करके भी । वीडियो गेम

में आपके पास कई लाइफ होते हैं, सड़कों पर - आपके पास सिर्फ एक; और जिसे हमें किसी भी तरह बचाना होता है।

सड़कों पर यातायात को सड़क के साथ सीधे चलने के लिए डिज़ाइन किया गया है और दिशा में कोई भी अचानक परिवर्तन सड़क पर असुरक्षा को जन्म देता है। सड़कों पर अन्य ड्राइवर हमसे एक निश्चित पैटर्न में व्यवहार करने की अपेक्षा करते हैं। लेन बदलना एक महत्वपूर्ण यातायात आवश्यकता है और इसे योजनाबद्ध तरीके से उचित संकेत देने के बाद, किया जाना चाहिए; सभी रक्षात्मक चालक इस तरह से करते हैं।

गाड़ी चलाते समय कई बार ऐसी स्थिति आ जाती है; जहां हमें अपने लेन से हटने की आवश्यकता आती है - आप की गति आपके अगले वाहन से ज्यादा हो सकती है, या फिर अगले चालक ने किसी वजह से अपनी गति को धीमा कर दिया हो। यह वह समय होता है जब अधिकांश चालक दिशा बदलकर वाहन को लेन से हटाने को प्राथमिकता देते हैं, और यह कई बार एक खतरनाक निर्णय साबित हो सकता है।

एक सुरक्षित चालक, उन परिस्थितियों में अपनी गति को धीमी कर अगले वाहन से सुरक्षित दूरी बनाते हुए; उसी लेन में रहता है। लेन बदलना एक बहुत ही विशेष आवश्यकता है और उसके लिए अत्यधिक सावधानी बरतने की जरूरत होती है। सभी विकसित देशों में, लेन अनुशासन के द्वारा ही हाईवे दुर्घटनाओं को नियंत्रण में रखा जा सका है। वहां भी जब भी कोई उल्लंघन होता है, तो दुर्घटना की संभावना बन जाती है। हमारी सड़क में यह उल्लंघन बहुत बार देखा जा सकता है - और यह देश में दुर्घटनाओं के बड़े कारणों में से एक है।

सड़कों पर कभी-कभी हमें ऐसे ड्राइवर मिल जाते हैं; जो संकेत देते हैं और तुरंत दिशा भी बदल देते हैं ; दूसरों को सोचने का भी वक्त नहीं देते - प्रतिक्रिया करने के लिए अवसर ही नहीं रहता। एक लेन बदलने के लिए पूरी प्लानिंग करनी पड़ी है। सिग्नल देकर, यह पुष्टि करने के बाद कि आपका इरादा अन्य ड्राइवर भी समझ चुके हैं, हमें यह भी सुनिश्चित करना पड़ता है कि हम जहां जाना चाहते हैं उस लेन या सड़क पर वाहन या लोग इत्यादि तो नहीं है। इतना सब होने के बाद ही, एक

लेन परिवर्तन की कार्यवाही को सड़क पर कार्यान्वित किया जा सकता है। संक्षेप में, सुरक्षित लेन परिवर्तन - सड़कों से कई दुर्घटनाओं को हटा सकता है।

हाईवे सड़क पर निश्चित रूप से सुरक्षा पाने के लिए, वाहन को उतने ही गति से चलाइए - जिससे आप अपने सामने की सड़क की परिस्थितियों का - करीब 300 से 500 मीटर तक, साफ अवलोकन कर सके। यदि कोई चालक सड़क पर लगभग 500 मीटर सीधे देखने में सक्षम है - वह सुरक्षित है। किसी भी कारण से, घुमावदार सड़क के वजह से , अंधकार की वजह से या किसी और कारण से यदि इस दूरी में कोई भी कमी आ जाती है , तो ड्राइवर को इससे एक चेतावनी समझ कर अपनी गति को धीमा कर देना चाहिए और दृश्यता में सुधार के लिए उसी लेन में चलते हुए प्रतीक्षा करनी चाहिए।

ट्रेन या हवाई जहाज - जिनके आसपास कोई ट्रैफिक नहीं रहता है लेकिन फिर भी वे सुरक्षा के लिए एक सीधे रास्ते पर ही रहते हैं, ट्रेन की अपनी मजबूरी है; पर हवाई जहाज तो मजबूर नहीं होता है। निश्चित रूप से उन सड़कों पर जहां, कई वाहन और अन्य अवरोध पाए जाते हैं- लेन में रहना एक सर्वोच्च आवश्यकता बन जाती है। जैसे ही अधिकांश वाहन चालक एक सीधी रेखा पर चलने लगते हैं, दुर्घटना की संभावना अपने आप कम हो जाती है।

लेन बदलना इतना महत्वपूर्ण मुद्दा है कि एक सुरक्षित चालक सड़क पर अपने वाहन की छोटी सी दिशा परिवर्तन को भी, साइड मिरर में देख कर; सावधानी से ही करता है। इस एक अभ्यास को अपनी दिनचर्या में पूरी तरह मिला लीजिए, हमारे सड़क के संदर्भ में यह आपको कई बार एक बड़े दुर्घटना से बचा देगा - क्योंकि अपने सड़कों पर कौन आपके किस तरफ से अचानक ओवरटेक करके निकल जाएगा आपको पता ही नहीं चलेगा। जब तक आप अपने वाहन को सीधे ही चला रहे हैं तब तक आप सुरक्षित हैं, जरा सा भी दिशा परिवर्तन, बिना मिरर को देखें कभी भी मत कीजिए।

11

घुमावदार सड़कों पर ओवरटेक करने की सावधानियां

किसी वाहन को ओवरटेक करना एक सीधे सड़क पर ही, काफी सावधानी का काम है - जब आपको ओवरटेकिंग एक घुमावदार सड़क पर करना पड़े, तो आपको विशेष सुरक्षा का पालन करते हुए, योजनाबद्ध तरीके से करना होता है। लेकिन वीडियो गेम शैली से वाहन चलाने के आदी ड्राइवर, जो सड़क की अधिकांश परिस्थितियों का सामना स्टीयरिंग या हैंडल से ही करते हैं; जैसे ही एक वाहन को आगे देखते हैं, उनके दिमाग में सबसे पहली बात आती है कि वाहन को मोड़ कर - बस किसी भी तरफ से ओवरटेक करके निकल जाए।

वाहन चालकों का यह रवैया सड़क पर होने वाले कई दो पहियों और चार पहियों वाहनों से संबंधित मौतों का एक मुख्य कारण है। ये चालक सीधा जाते हैं और विपरीत दिशा से आने वाले किसी भी वाहन को टक्कर मार देते हैं, जिस बेचारे को बचने का कोई रास्ता ही नहीं मिलता है - खुद को और दूसरे चालकों को जोखिम में डाल देते हैं। घुमावदार सड़कों पर, एक ड्राइवर सड़क की स्थितियों का ठीक से अवलोकन नहीं कर पाता है।

यदि सड़क आपके दाहिनी ओर मुड़ रही है तो आपको सामने का नजारा फिर भी बेहतर दिखाई दे सकता है, लेकिन यदि सड़क बाईं ओर मुड़ रही है, तो देख पाना संभव ही नहीं है। हमारे अपने मानदंड के अनुसार; 500 मीटर - यदि सीधी सड़क दिखाई नहीं दे रही है तो चालक को उसी गति में चलाते रहना चाहिए और अवसर की प्रतीक्षा करनी चाहिए। घुमावदार सड़कों पर ओवरटेक करते समय; एक रक्षात्मक चालक तब तक प्रतीक्षा करता है जब तक उसे करीब 500 मीटर तक का, सड़क पर नजारा साफ-साफ दिखाई ना दे।

जिस वाहन को आप ओवरटेक करने की योजना बना रहे हैं, उसके चालक को भी इस प्रक्रिया में शामिल कर लेना चाहिए, उसकी सहमति बहुत महत्वपूर्ण होती है। वह आपको आगे से आने वाले वाहनों के बारे में चेतावनी भी दे सकता है। हमारे सड़कों में यदि आप धैर्यपूर्वक एक ड्राइवर के पीछे प्रतीक्षा करते हैं; वे स्वयं आपको एक सुरक्षित मार्ग प्रदान कर देते हैं - हमारे लगभग सभी पेशेवर ड्राइवर इस सुरक्षा का पालन करते हैं। आप भी इसे अपनी आदत बना सकते हैं।

यदि आपको साफ साफ नहीं दिखाई दे रहा है, विपरीत दिशा से आने वाला वाहन आपके लिए हमेशा एक खतरा ही रहेगा। साथ ही जिस वाहन को आप ओवरटेक करने की योजना बना रहे हैं, उससे सुरक्षित दूरी बनाए रखते हुए ही आपको अपने वाहन को उसके पीछे रखना है। अन्यथा घुमावदार सड़कों पर आपका ध्यान वाहन को ओवरटेक करने पर होगा और उस वाहन के सामने यदि कोई भी बाधा आ जाती है , तो उसके ब्रेक लगाने से ; आपके लिए एक जोखिम तैयार हो सकता है।

ओवरटेक करने के बाद यह बहुत जरूरी है कि अपने वाहन को, उस वाहन के सीधे सामने ना लाएं, जिसको आपने अभी-अभी ओवरटेक किया था। ओवरटेकिंग के बाद उस वाहन से थोड़ा आगे निकल कर ही सामने आइए, अन्यथा ओवरटेक करने के बाद आप उसी वाहन को सामने से ठोकर मार सकते हैं।

हमेशा ओवरटेकिंग केवल वाहन के दाईं ओर से की जानी चाहिए। गलत साइड से ओवरटेक करना - बाईं ओर से ; घुमावदार सड़कों पर पर बहुत खतरनाक होता है, खासकर अगर मोड़ दाईं ओर हो तो।

12

भारी वाहनों के खतरे

ओवरटेक करना

किसी भी वाहन को ओवरटेक करना सड़क पर किए जाने वाला, एक बहुत ही सुरक्षापूर्ण विशेष कार्य है और इसे योजनाबद्ध तरीके से ही करना होता है। सड़क पर दुपहिया वाहनों के सवारों को संभावित खतरे का आकलन किए बिना, अनायास ही इस कार्रवाई को करते देखा जा सकता है।

यदि कोई चालक किसी भारी वाहन के दाहिनी ओर या बायीं ओर से (जो उसे नहीं करना चाहिए) ओवरटेक करता है, तो उसे यह सुनिश्चित करके ही उस स्थान में प्रवेश करना चाहिए - कि उसके वाहन के दोनों तरफ सुरक्षित गैप रहेगा । हमारे कई ड्राइवर जगह कम होने के बावजूद भी ओवर टेकिंग करने निकल जाते हैं। सड़क पर छोटा सा व्यवधान, मिरर का हैंडल लगने से, आपके पीछे बैठे व्यक्ति के हिलने से, या सामने वाले वाहन के अपने जगह से जरा सा भी हटने से - एक बड़ी दुर्घटना हो जाती है, ऐसे हादसों में सवार सीधा पहियों के नीचे ही चला जाता है।

यदि आपके दोनों तरफ पर्याप्त निकासी नहीं है तो कभी भी ओवरटेक न करें, इस अज्ञानता के कारण, हमारी सड़कों पर कई भीषण दुर्घटनाएं हो रही हैं। वे सवार जो बायीं ओर से जाते हैं, वे सड़क के किनारों

और भारी वाहन के बीच फंस सकते हैं। यह कभी न भूलें कि सड़क के दोनों किनारों पर हमेशा धूल जमी रहती है और आप वहां अपना संतुलन नहीं बनाए रख सकते। बारिश के दौरान फिसलन भी हो जाती है।

हमेशा सही मौके का इंतजार करें, तभी ओवरटेक करें। हमारी सड़कों पर - चार पहिया वाहन चालक भी ओवरटेक करते समय काफी चांस लेते हैं। अगर हम थोड़ा धैर्य से सही वक्त का इंतजार करें तो, ओवरटेकिंग बहुत ही सुरक्षित तरीके से किया जा सकता है।

कभी भी एक तीसरे वाहन के रूप में सड़क पर ओवरटेक मत करिए, चाहे उस समय दो वाहन समानांतर चल रहे हो या एक वाहन एक मोटरसाइकिल को ओवरटेक कर रहा हो, या फिर एक साइकिल यात्री हो - यहां तक कि कभी-कभी अगर एक पदयात्री हो, तब भी हमें ओवरटेक नहीं करना चाहिए। कभी-कभी सड़क पर परिस्थितियां इतनी अचानक बदल जाती है कि इस तरह के ओवरटेकिंग में भी कई दुर्घटनाएं हो जाती हैं।

भारी वाहनों से हमेशा सुरक्षित दूरी बनाकर ही चलिए

सड़कों पर कभी कभी जीवन और मृत्यु के बीच बहुत ही पतली लकीर होती है।

सड़कों पर हमें तरह तरह के भारी वाहन मिल जाएंगे और हम अक्सर सुनते हैं कि एक भारी वाहन ने एक दुपहिया वाहन को पीछे से या बगल से टक्कर मार दिया। हमारे देश में, एक दुर्घटना के बाद आमतौर पर सबसे पहले दोष भारी वाहनों को जाता है।

आगे बढ़ने से पहले हम ट्रक या बस जैसे भारी वाहनों के विभिन्न आयामों के बारे में चर्चा करते हैं। ये वाहन आकार में बड़े होते हैं और अनुभव से ही चालक को अपने वाहन की लंबाई और चौड़ाई का पूरा अंदाजा हो पाता है। हम जानते हैं कि ड्राइवर की सीट सामने दाईं ओर स्थित रहती है और बाएं ओर का पिछला छोर उससे लगभग 12 से 13 मीटर तक दूर रहता है। चालक केवल अपने दर्पण से देख कर ही, अपने वाहन के तीन तरफ का जायजा लेता है।और हम जानते हैं कि दर्पण में

दिखाई देने वाली वस्तुएँ जितनी दूर दिखाई देती हैं, दरअसल उतनी दूर नहीं होती हैं - इसका मतलब है; चालक की ओर से हमेशा एक गलती होने की संभावना बनी रहती है। चालक तो अपनी सुरक्षा का पालन करते हुए जरूर गाड़ी चलाएगा, पर उपर्युक्त बातों को ध्यान में रखते हुए सड़क का उपयोग करने वाले हर किसी को, भारी वाहनों से अपने आप को सुरक्षित ही रखना चाहिए। एक दुर्घटना के बाद दोषारोपण करने से बेहतर है, कि सुरक्षा का पालन करते हुए दुर्घटना को होने से ही रोका जाए।

ये वाहन पहले से ही भारी होते हैं और इनमें लदी सामग्री से इनका वजन 30 टन के आस पास हो जाता है। विज्ञान का कहना है कि ऐसे भारी वाहन, अंतर्निहित जड़ता के कारण देरी से ही रुकेंगे। तो ऐसे भारी वाहनों के आगे कोई छोटा वाहन अगर अचानक रुक जाता है; तो हो सकता है कि वह ड्राइवर अपने वाहन को सही समय पर रोक ना पाए।

जब हम यह किताब लिख रहे थे, उन्हीं दिनों हमारे पास हाईवे पर एक दुर्घटना हुई थी। एक परिवार बाइक से जा रहा था - पति, पत्नी; उनके 6 और 8 साल के दो बच्चे और उनके भाई का बेटा उम्र 8 साल। उन्होंने एक लंबी दूरी तय की थी और लगभग विशाखापत्तनम पहुंच गए थे; जब एक ट्रक ने उन्हें साइड से टक्कर मार दी। हम कई दुर्घटनाओं से बच सकते हैं यदि हम सड़कों पर सुरक्षा की बुनियादी आवश्यकता को समझने की कोशिश करें। सड़क पर हमारा व्यवहार, कई दुर्घटनाओं को रोकने में सक्षम हो सकता है - बस सुरक्षित यात्रा के बारे में, सोचने की जरूरत होती है।

एक मोटर बाइक दो के लिए होता है, बहुतों के लिए नहीं ...

सड़क पर दुर्घटनाएं अकारण नहीं हो रही हैं; हमेशा एक गलती होती है जो एक दुर्घटना के लिए आवश्यक स्थिति पैदा कर देती है - पर सौभाग्य से अधिकांश जगहों पर - हमेशा एक सतर्क रक्षात्मक चालक होता हैं; जो इसे दुर्घटना में तब्दील होने से रोक देता है।

सड़क पर एक भारी वाहन हमेशा एक संभावित खतरा है और यह बात हर छोटे वाहन के चालक के दिमाग में रहना चाहिए। और अगर आप किसी भारी वाहन के चालक हैं; आपको हमेशा छोटे ड्राइवरों की

सुरक्षा को ध्यान में रखना चाहिए। एक छोटे वाहन चालक को मोड़ने का प्रयत्न करते हुए या मुड़ते हुए, भारी वाहन के अंदरूनी हिस्से में कभी नहीं जाना चाहिए - एक भारी वाहन चालक को मोड़ लेते समय अंदरूनी घेरे में उपस्थित छोटे वाहनों के प्रति हमेशा सतर्क रहना चाहिए।

अंदरूनी घेरे से हमारा मतलब है कि भारी वाहन दायें मुड़ रहा है और आप भी उसके दायीं ओर हैं, और इसी तरह जब वह वाहन बायें मुड़ रहा है; और आप उसके बाईं तरफ है। इस स्थिति में कई दुर्घटनाएं होती हैं, क्योंकि दोनों वाहन कुछ समय के लिए समानांतर चलते हैं और सड़क पर कोई रोड़ा - कोई रुकावट, या फिसलन वाली सतह, या चालक की गलती; बस दुर्घटना हो जाती है। हमारी सड़कों पर इस स्थिति में कई दुर्घटनाएं होती है; जहां एक भारी चालक मोड़ ले रहा होता है और एक दुपहिया वाहन अंदरूनी घेरे से आकर सीधा पहिए के नीचे चला जाता है। चौराहे पर इस तरह की दुर्घटनाएं बहुत ज्यादा होती है कभी भी चौराहे पर एक बड़े वाहन के अंदरूनी घेरे में अपने आपको मत रखिए।

कभी-कभी एक दुपहिया वाहन चालक, जब यातायात रुका हुआ होता है तो भारी वाहन और सड़क के किनारे के बीच में अपने वाहन को खड़ा कर देता है। कई बार वहां पर उसके खड़े रहने के लिए पर्याप्त जगह नहीं रहती है। यातायात शुरू होने पर यह भारी वाहन कई बार अपने वाहन को मोड़ देता है। कई दुर्घटनाएं तब होती हैं जब दोपहिया वाहन चालक इन भारी वाहनों और सड़क के किनारे या हाथ की रेलिंग के बीच, दब जाते हैं - और पहियों के नीचे जा जाते हैं। अपने आप को कभी भी सड़क पर तंग स्थिति में न रखें, जहां बचने का कोई रास्ता न हो।

एक रक्षात्मक चालक; भारी वाहनों से हमेशा सुरक्षित दूरी बनाए रखता है और दुपहिया वाहन को कभी भी भारी वाहन के पास-साथ-साथ, लंबी अंतराल के लिए नहीं चलाता है।

भारी वाहनों में अगले - पिछले पहियों के बीच की खाई

सुरक्षा सबकी जिम्मेदारी है लेकिन, सबसे पहले - यह मेरी जिम्मेदारी है

एक और महत्वपूर्ण कारण, जो एक छोटे वाहन या पदयात्री के लिए एक भारी वाहन से खतरा पैदा कर सकता है, वह है उनके आगे और पीछे के पहियों के बीच का गैप। सड़क पर कई तरह के भारी वाहन होते हैं; ट्रक, ट्रेलर व बसें; उनमें से ट्रेलरों और लंबे ट्रकों में आगे और पीछे के पहियों के बीच बहुत ही खतरनाक, खाई रूपी दूरी होती है। कई दुर्घटनाएं ऐसी होती हैं जहां पीड़ित सीधे इन दो पहियों के बीच चला जाता है। वे वहां कैसे पहुंचते हैं, इसका एक बार हमने जिक्र अंदरूनी घेरे के खतरे के रूप में भारी वाहनों के ओवरटेकिंग के अंतर्गत भी किया है। एक रक्षात्मक चालक के रूप में इन अंतरालों के खतरे को आपको समझना चाहिए और हर कीमत पर इनसे दूर रहना चाहिए।

सड़क सुरक्षा अधिकारी, इस तरह के हादसों में लोगों की जान बचाने के लिए, पहियों के इस अंतर को सुरक्षित रूप से बंद कराने के मुद्दे का कोई हल प्रदान कर सकते हैं। इस पुस्तक में हम केवल दुर्घटनाओं के रोकथाम की ही बात कर रहे हैं । अंदरूनी घेरे से संबंधित होने वाले हर दुर्घटनाएं, इस असुरक्षित पहियों के बीच की दूरी के कारण ही हो रहे हैं।

दो चलते हुए वाहनों के बीच के खतरे को समझें

शार्ट कट आपके जीवन को ही छोटा कर सकता है

सड़कों पर वाहन चलाते समय एक छोटे वाहन चालक को ऐसी स्थिति का सामना करना पड़ सकता है जब उसे दो बड़े वाहनों के बीच से गुजरने की आवश्यकता हो सकती है, जो अगल-बगल चलते हो सकते हैं या एक-दूसरे को ओवरटेक करते हुए - तुरंत एक खतरे की घंटी उस चालक के दिमाग में बज जानी चाहिए। ऐसी ही परिस्थितियों में कई बार सड़क पर हादसे हो जाते हैं। किसी भी एक वाहन के साथ टकराकर

दुपहिया वाहन सवार सीधा पहियों के नीचे चला जाता है।

नौजवान चालक जब खुद को ऐसी स्थिति में पाते हैं; यह उन्हें रोमांचित करता है और वे हमेशा दोनों के बीच से किसी भी तरह निकल के जाने की कोशिश करते हैं। एक सुरक्षित चालक को इस तथ्य को याद रखना चाहिए; कि दोनों सामने वाले ड्राइवरों को इस तीसरे ड्राइवर के बीच से जाने की योजना के बारे में पता नहीं है। वे पहले से ही सुरक्षित रूप से एक-दूसरे को ओवरटेक करने में व्यस्त हैं और ऐसा करते समय हमेशा संभावना बनी रहती है; वे खुद भी अपनी गाड़ी की दिशा थोड़ी बहुत बदल दे। दो चलते वाहनों के बीच हमेशा एक बहुत ही संकरा रास्ता रहता है, जिससे गुजरना बहुत जोखिम भरा ही होगा।

चालक, जो दो सामने वाले वाहनों के बीच से गुजरने का प्रयास करता है; हमेशा यह मानकर चलता है, कि अगले 2 वाहनों की स्थितियों में ज्यादा कुछ फर्क नहीं आएगा, पर सड़क पर यह जरूरी नहीं है।

कई दुर्घटनाएं ऐसे ही होती है, जब एक ड्राइवर ऐसे जोखिम लेने का प्रयास करता है। सड़क पर गड्ढे हो सकते हैं; जो ड्राइवर को असंतुलित कर सकता है।

एक सुरक्षित चालक संयम से उनके ओवरटेक करने का इंतजार करता है, उसके बाद ही अपने वाहन को सुरक्षा पूर्वक आगे बढ़ाता है।

13

दो पहिए में पीछे बैठने वाला ही क्यों दुर्घटनाग्रस्त होता है?

दो पहिया वाहनों को दो व्यक्तियों को ले जाने के लिए डिज़ाइन किया गया है और पीछे बैठने वाले को, हमेशा सीट के दोनों ओर पैरों को डाल कर बैठना चाहिए। लेकिन हमारी परिस्थितियों में अधिकांश महिलाएं और वरिष्ठ नागरिक - हमेशा अपने पैरों को एक तरफ करके पीछे की सीट पर बैठते हैं। एक दो पहिया वाहन के पीछे एक सवार का इस तरह से बैठना, वाहन को पूरी तरह असंतुलित कर सकता है; और यह हमारे देश में पीछे बैठने वालों के साथ होने वाली दुर्घटनाओं का एक प्रमुख कारण है।

एक रक्षात्मक चालक को हमेशा इस बात का ध्यान अपने दिमाग में रखना चाहिए। जब भी उसके वाहन पर एक सवार इस तरह बैठ कर चलता है, तो वह हमेशा सड़क पर अपने सभी निर्णय को बड़ी ही सावधानी से लेता है - कोई भी रिस्क नहीं लेता है।

जब एक सवार सीट के दोनों तरफ पैर डाल कर बैठता है, तो वह बड़ी आसानी से दो पहिया वाहन में अपने आप को लॉक करके बैठ सकता है; जबकि एक तरफ बैठे व्यक्ति को चलती गाड़ी में सीट पर जमे रहने में ही कठिनाई होती है। एक ड्राइवर को भी ऐसे व्यक्ति को लेकर उन सड़कों पर चलाना मुश्किल हो जाता है जहां उसे धीरे-धीरे चलने की आवश्यकता होती है; बार-बार रुकना और शुरू करना पड़ता है - और पैरों को बार-बार नीचे रखना पड़ता है। कई बार इस पीछे बैठे व्यक्ति का भार भी ड्राइवर को ही संभालना पड़ता है।

80% से ज्यादा दुर्घटनाएं है जो एक दो पहिया वाहन में पिछले सवार के साथ सड़क पर होते हैं, उसका यह एक महत्वपूर्ण कारण है। एक रक्षात्मक चालक को इस बात की जानकारी होनी चाहिए - और उसके लिए आवश्यक जो भी सावधानी हो, उसे सड़क पर बरतनी चाहिए। हम सड़कों पर कई बार देख सकते हैं, ड्राइवर वरिष्ठ लोगों को दोपहिया वाहनों में इस तरह बैठा कर; उनके एक हाथ में कुछ सामान भी दे देते हैं।

दो पहिया वाहन से संबंधित इस पहलू को शायद हमने कभी ध्यान नहीं दिया है। इस पहलू के ऊपर चर्चा करने का कारण, सिर्फ इस ओर लोगों का ध्यान आकर्षित करना है ना कि इस तरह से एक सवार को लेकर जाने पर रोक लगाना। देश में इस समय, हजारों लोग इस तरह से सफर करते हैं जोकि हमारी एक मजबूरी भी है। सिर्फ एक ड्राइवर इस बात को अपने सड़क सुरक्षा में शामिल कर ले, तो इस तरह के सफर की असुरक्षा भी बहुत हद तक कम हो जाती है।

इस स्थिति में होने वाली अधिकांश दुर्घटनाएं कुछ इस तरह होती है कि पिछला सवार किसी तरह अपना संतुलन खो देता है और पीछे की ओर गिर जाता है। इस प्रकार के हादसों, में सिर में चोट अधिक लगती है या पीड़ित सीधे गुजरते वाहन के पहियों के नीचे चला जाता है। कई दुर्घटनाएँ तब होती हैं जब वाहन चालक दाएँ तरफ मोड़ता है या दाया यू टर्न लेता है, तो पीछे एक तरफ पैर रख कर बैठा सवार, अपने पीछे की तरफ सिर के बल नीचे गिर जाता है। यह कोई सामान्य स्थिति नहीं है जिसके बारे में हम चर्चा कर रहे हैं, बड़ी-बड़ी भीषण दुर्घटना है इन

परिस्थितियों में आए दिन होते रहते हैं।

मेरी आँखों के सामने; 2014 में एक जवान लड़का अपनी मां और मौसी को इस तरह बेहद खाली सड़क पर ले जा रहा था। पीछे दोनों एक तरफ पैर रखकर बैठे थे। वह एक ट्रक के किनारे से गुजर रहा था जहाँ दुर्भाग्य से एक छोटा सा गड्ढा था सड़क पर - तीनों सीधे ट्रक के पहियों के बीच में चले गए; कोई नहीं बचा।

14

दाएँ मोड़ते समय, सड़क में दाएं तरफ सरकना

नियम अनुपालन के लिए होते हैं, उल्लंघन के लिए नहीं

प्रत्येक चालक का पहला ड्राइविंग सबक होता है कि वह वाहन को सड़क के बाईं ओर रखें और आमतौर पर हम सभी इसका पालन करते हैं। क्या आपने कभी गौर किया है कि एक-दोतरफा (2-way) सड़क पर कई वाहन चालक; जब वे सड़क के दायीं ओर अपने वाहन को मोड़ते हैं - अनजाने में ही सड़क पर अपना बायां हिस्सा छोड़, दाई ओर सरकते जाते हैं।

अपना साइड छोड़, ड्राइवर का सड़क के गलत छोर पर इस तरह चले जाना - हमारे देश में होने वाले कई सड़क दुर्घटनाओं का एक प्रमुख कारण है। क्योंकि ड्राइवर अब जिस पोजीशन पर चला जाता है, वह दूसरी तरफ से आने वाले वाहन के लिए लेफ्ट साइड है, यानी उनके लिए सही पोजीशन। अपना साइड छोड़ - यह चालक सीधा दूसरी तरफ से आने वाले वाहन को टक्कर मार देता है।

एक सुरक्षित चालक हमेशा दायें मुड़ते समय, सड़क पर अपने बाएं किनारे पर रहते हुए ही वाहन चलाता है और अन्य विपरीत दिशा से आने वाले वाहनों के सुरक्षित गुजरने के लिए पर्याप्त जगह छोड़ देता है। एक सुरक्षित ड्राइवर जो हमेशा अन्य ड्राइवरों की सुरक्षा का भी ध्यान देता है, वह कभी भी सड़क पर इस तरह की स्थिति तैयार नहीं करता।

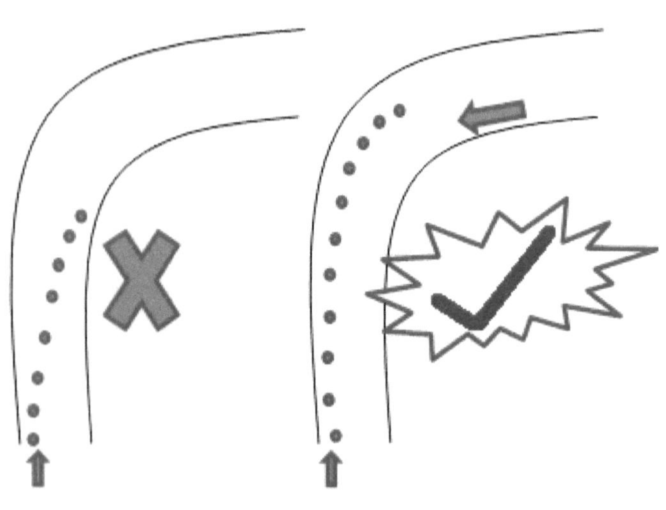

दाएं मुड़ते समय अनजाने में दाएं तरफ सड़क पर सरकना

सुरक्षा अधिकारी, यदि सभी 2 - way सड़कों पर; जिनमें वाहन दोनों तरफ चलते हैं - आने जाने वाले वाहनों का स्थान निश्चित करने के लिए सड़क के मध्य में एक लाइन खींच दें और हर मोड़ पर साफ-साफ वाहनों के जाने का स्थान तीर के निशान से निश्चित कर दें - तो संभव है हमारी सड़कों से कई दुर्घटनाएं गायब होने लगेंगी।

15

अंधेरे में वाहन चालन

रात में सड़क सुरक्षा की जिम्मेदारी दुगुनी हो जाती है

एक रक्षात्मक चालक हमेशा खुद के लिए पर्याप्त आराम सुनिश्चित करता है और विशेष रूप से रात के समय, लोगों के समूह को ले जाते समय अतिरिक्त सावधान रहता है।

दुर्घटनाएँ जो सुर्खियाँ बनती हैं और हमारा ध्यान खींचती हैं, वे आम तौर पर ऐसी दुर्घटनाएँ होती हैं; जिनमें हताहतों की संख्या अधिक होती है। हाल ही में महाराष्ट्र में एक कार दुर्घटना में 7 एम.बी.बी.एस. छात्रों की मृत्यु हो गई, 2014 में आंध्र में, 21 लोगों के एक संयुक्त परिवार की एक दुर्घटना में मृत्यु हो गई, जहां तीर्थ यात्रा से वापस आते समय उनका वाहन दुर्घटनाग्रस्त हो गया था, वाहन परिवार के एक सदस्य द्वारा चलाया जा रहा था।

आए दिन इस तरह की दुर्घटनाएं होती रहती हैं, और इन्हें आसानी से नियंत्रित किया जा सकता हैं, अगर सभी कारण को समझने की कोशिश करें और सावधानी बरतें - सतर्क रहें।

इस तरह की दुर्घटनाएँ स्पष्ट कारणों से सड़कों पर होती हैं - चालक को अपर्याप्त आराम, अधिक गति, सड़क पर ध्यान का ना होना, या कभी-कभी नशे का भी प्रभाव होता है।

हमारा इरादा इन दुर्घटनाओं के होने के कारणों का विश्लेषण करना नहीं है। हमारा उद्देश्य एक ऐसा रक्षात्मक चालक तैयार करना है जो इस तरह की दुर्घटनाओं को रोकने के लिए उचित निर्णय लेने के, विचारों के साथ सशक्त होंगे। वे यात्राएं हैं; जिन्हें पूरे योजनाबद्ध तरीके से अंजाम दिया जाता है, उनमें कभी भी एक दुर्घटना की संभावना ही नहीं रहती है। यदि कोई समूह यह मान लेता है कि उसकी यात्रा में सब कुछ सामान्य अपने आप ही हो जाएगा, तो वे एक दुर्घटना को न्योता दे रहे हैं।

हमारी प्लानिंग ऐसी होनी चाहिए, जिससे सुरक्षा की दृष्टि से कोई चूक ही ना हो। तीर्थयात्रा या किसी सामूहिक यात्रा की योजना बनाने से पहले; अपनी यात्रा का पूरा विवरण तैयार कर लेना चाहिए - जिसमें यह भी शामिल होना चाहिए कि ड्राइवर को कितना समय आराम मिल रहा है। रात्रि का सफर तब तक ठीक है यदि यह ट्रेन में है; लेकिन एक वाहन में जब चालक को रात में ड्राइविंग करना होता है, यदि उसे पर्याप्त आराम नहीं दिया जाता है, तो यह प्लानिंग; कभी पूरे समूह को जोखिम में डाल सकता है।

पूरी तीर्थ यात्रा या अन्य यात्रा के दौरान, चालक बिना किसी आराम के कभी-कभी उनके साथ ही रह सकता है और रात को सभी थककर, उस ड्राइवर के भरोसे सो जाते हैं - जो बेचारा खुद बहुत थका रहता है। यह कभी न भूलें कि विमान और रेलगाड़ियों में दो व्यक्ति - लगातार यात्रा की निगरानी करते हैं, लेकिन सड़क पर एक ही चालक को सभी जिम्मेदारी अकेले उठाने पड़ती है - इसलिए समूह को सबकी सुरक्षा को ध्यान में रखते हुए उसे कभी अकेला नहीं छोड़ना चाहिए।

ड्राइवर खुद भी अगर, इस बात की जिद करें तब भी हमें, सब की सुरक्षा को दृष्टि में रखते हुए ड्राइवर को कभी अकेला नहीं छोड़ना चाहिए। इस संदर्भ में रात में होने वाले दुर्घटनाओं के अन्य पहलुओं की जानकारी काफी महत्वपूर्ण है, जिसके बारे में आगे चर्चा की जा रही है।

एक रक्षात्मक चालक के लिए, जब भी ऐसी स्थिति आती है; वह तुरंत पूरी यात्रा की सुरक्षा के लिए योजना बनाता है, विशेष रूप से वापसी की योजना। यदि किसी भी समय वह पाता है कि वह थकान या नींद के कारण आगे गाड़ी चलाने की स्थिति में नहीं है; बस वह वाहन को एक सुरक्षित जगह पर रोक देता है और आराम करने के बाद ही आगे बढ़ता है।

इस प्रकार की यात्राओं में जब एक दूसरे को जानने वाला समूह एक साथ जाता है; वाहन के अंदर बहुत सारी चर्चाएँ होती हैं जिससे चालक का ध्यान आकर्षित भी हो सकता है। यदि चालक समूह में से एक होगा, तो इसकी संभावना बहुत ज्यादा हो जाती है। एक रक्षात्मक चालक; इस तथ्य से जागरूक रहता है और अपने ध्यान को विचलित होने नहीं देता है।

यदि ऐसी यात्राओं में समूह में केवल पुरुष सदस्य हों; तो कभी-कभी टीम द्वारा शराब के सेवन की संभावना भी सामने आती है। एक सुरक्षित चालक न केवल स्वयं कभी शराब का सेवन करता है, बल्कि दूसरों को भी इसका सेवन करने से रोकता है। कभी-कभी सड़क किनारे होटल में रुकना; उन्हें शराब का सेवन करने का मौका देता है; जो अंततः कुछ मामलों में एक दुर्घटना का रूप ले लेती है। शराब पीना और गाड़ी चलाना, यह हमेशा खतरनाक होता है।

कभी-कभी किसी समारोह इत्यादि से वापस मुहूर्त पर घर पहुंचने की जल्दी - ड्राइवर को तेज़ चलने के लिए भी प्रेरित करती है। तेज गति और निर्णय लेने में एक छोटी सी गलती - गंभीर दुर्घटना का कारण बन सकती है।

एक रक्षात्मक चालक इन सभी बातों को भलीभांति समझता है और सभी स्थितियों में केवल सर्वोत्तम संभावित सुरक्षित कदम ही उठाता है।

बंद वाहन का खतरा।

ध्वनि प्रदूषण और तापमान नियंत्रण के लिए सभी आधुनिक वाहनों के अंदर एक बंद वातावरण होता है। हालांकि वे एकदम एयर टाइट नहीं हैं

लेकिन सामान्य रूप से बहुत कम वायुमंडलीय हवा अंदर आ जा सकती है।

ऐसे बंद वाहनों में लंबी दूरी तय करने वाले लोग कभी-कभी खुद को ऑक्सीजन - वंचित पाते हैं। विशेष रूप से, यदि वाहन में अधिक लोग हो और - ए सी चालू हो । सभी यात्री वाहन में उपलब्ध ऑक्सीजन का प्रयोग करते हैं और सभी एक सीमित स्थान में कार्बन डाइऑक्साइड का उत्सर्जन करते हैं। इस प्रक्रिया में लंबे अंतराल के बाद वातावरण कार्बन डाइऑक्साइड से समृद्ध बन जाता है और ऑक्सीजन की कमी हो जाती है, जिससे मस्तिष्क ऑक्सीजन से वंचित हो सकता है।

रात की दुर्घटनाएं, विशेष रूप से जो एक बड़े समूह के साथ होता है; उसमें इस प्रक्रिया की संभावना भी होती है। बड़े वाहनों,जैसे बस में यह नहीं होता है, क्योंकि वहां का वायुमंडल बड़ा होता है । इन दुर्घटनाओं में चालक को बिना किसी कारण के चक्कर आ जाता है और धुंधली दृष्टि के कारण वह दुर्घटनाग्रस्त हो जाता है।

हैदराबाद की एक दुर्घटना है, बारिश के दौरान राजमार्ग पर दो इंजीनियरों कार में जा रहे थे, जब सड़क पर पानी भरने के कारण कई लोगों के साथ उन दोनों ने भी सड़क पर रात बिताने का निर्णय लिया। रात में उन्होंने एसी चालू रखा और कार में ही सो गए। जैसे जैसे जल का स्तर बढ़ा, पानी ने कार के साइलेंसर पाइप के निकास को अवरुद्ध कर दिया। बैक प्रेशर के कारण निकास का धुंआ किसी तरह वाहन के अंदर घुस गया और बाद में कार्बन मोनोऑक्साइड का सेवन करने के कारण दोनों मृत पाए गए।

इस तरह की और भी कई दुर्घटनाएं तब होती हैं जब गैरेज के अंदर कोई ए सी कार का चालू रख , चालू कार में सो जाता है।

हमें सड़क पर होने वाले हर संभावित खतरों के बारे में जानकारी होनी चाहिए ताकि हम उनसे सुरक्षित बचने की योजना बना सकें। इसलिए हम बार बार जागरूकता के बारे में बता रहे हैं; आपको खतरे के बारे में पता होना चाहिए, तभी आप एक सुरक्षित कार्रवाई करने की स्थिति में रहते हैं और पुस्तक का उद्देश्य सभी संभावित तथ्यों को आपके सामने लाना है।

यदि कोई सुरक्षित चालक खुद को ऐसी स्थिति में पाता है, तो उन्हें समय-समय पर खिड़की खोलनी चाहिए और ताजी हवा को अंदर आने देना चाहिए। चालू ए सी के साथ खड़ी कार के अंदर बहुत ज्यादा देर तक रहना, कभी-कभी खतरनाक हो जाता है। कोई जरूरी नहीं कि ऑक्सीजन की कमी ही हो जाए - कभी-कभी किसी खामी की वजह से इंजन का धुआं हल्के हल्के वाहन में प्रवेश कर सकता है, अगर ड्राइवर सो जाता है - उसे खतरे का पता भी नहीं चलता। कभी-कभी, ऐसी स्थिति आ सकती है, जब अपरिहार्य परिस्थितियों में आपको खड़ी गाड़ी में भी ए सी की आवश्यकता होती है - तब ताजी हवा के निरंतर प्रवाह के लिए खिड़की पर्याप्त रूप से खुला रखें। *लेकिन कभी भी गैरेज के अंदर या बंद कमरे में ए सी चालू कर, ना गाड़ी के अंदर रहे ना गैरेज के।*

वैसे दुर्घटना के इस कारण को, हमने रात्रि दुर्घटना के अंतर्गत शामिल किया है; पर इस तरह की दुर्घटनाएं दिन में भी हो सकती हैं।

हाईवे सम्मोहन के खतरे को समझिए

रात के समय होने वाली सड़क दुर्घटनाओं का, एक अन्य कारण हाईवे सम्मोहन है; चौपहिया वाहनों में होने वाली यह एक ऐसी प्रक्रिया है, जिसके बारे में लोगों को ज्यादा जानकारी नहीं है। यह प्रायः एक सीधी सड़क पर गाड़ी चलाते समय होता है, जहां एक चालक खुद को एक ऐसी स्थिति में पाता है, जहां उसके पास स्टीयरिंग पर हाथ रखने और एक्सेलेरेटर पर हल्के पैर रखने के अलावा और कोई काम नहीं होता है।

सड़क के दृश्यों में, लगभग ना के बराबर बदलाव होने की वजह से और जब लंबी लंबी सड़क पर जहां कई किलोमीटर तक ड्राइवर को ज्यादा कुछ नहीं करना पड़ता - मस्तिष्क धीरे से अपने को ऑटो मोड में डाल देता है। मस्तिष्क अपने सिस्टम को आंशिक रूप से बंद करके और केवल हाथों और पैरों को ड्राइविंग करने की अनुमति देकर खुद आराम करता है। एक हल्का संगीत या एक आरामदायक ड्राइवर कुर्सी, एक ठंडा वातानुकूलित वातावरण - यह सब इस प्रक्रिया के लिए एक उत्प्रेरक का कार्य करते हैं। ड्राइवर की आंखें खुली रहेंगी लेकिन जाहिर तौर पर वह

अचेतन मन से गाड़ी चला रहा होता है; दूसरे लोग यह भी सोच सकते हैं कि ड्राइवर को शायद नींद आ रही है।

वह सभी ड्राइविंग आवश्यकताओं को उचित रूप से करने में सक्षम भी रहता है और इस तरह मार्ग की घटनाओं और देखे गए नजारों को बिना याद रखें, यह ड्राइवर काफी दूर तक वाहन को चलाते हुए जा सकता है। यह एक आदर्श ऑटो पायलट मोड नहीं है; यहां मस्तिष्क ने अस्थायी रूप से मामलों से खुद को अलग कर लिया है। यदि सड़क परेशानी मुक्त और सीधी रहती है तो संभव है कि चालक का दिमाग कुछ समय बाद जाग जाए और थोड़े से अविश्वास के साथ वह आगे चलता भी रहे।

समस्या तब आती है जब सड़क की स्थिति में अचानक कोई बड़ा बदलाव आता है, कोई वाहन या जानवर आ जाता है या कोई बड़ा मोड़ आ जाता है; मस्तिष्क तुरंत सक्रिय हो जाता है और जाग जाता है - लेकिन आम तौर पर ऐसी स्थितियों में प्रतिक्रिया निश्चित ही अपेक्षित रूप से तेज नहीं रहती है और एक दुर्घटना लगभग होकर ही रहती है।

एक रक्षात्मक चालक आमतौर पर रात की यात्रा के दौरान, और अपने परिवेश को देखने के बाद - ऐसी स्थितियों की संभावना को समझता है और यह सुनिश्चित करता है कि वह ड्राइविंग के हर एक - डेढ़ घंटे में ब्रेक ले रहा है, कुछ समय के लिए खिड़कियां खुली रखता है, और कुछ शारीरिक गतिविधि करता है। इस तरह बीच-बीच में अपना ध्यान किसी दूसरे गतिविधियों में शामिल करने से, सड़क सम्मोहन जैसे परिस्थितियां एक ड्राइवर को बाधित नहीं कर सकती है।

उसे केवल यह सुनिश्चित करना है कि पूरी रात की यात्रा के दौरान उसकी सतर्कता का स्तर बरकरार रहे।

16

सड़क पर इन से बच कर रहिए

शराब पीकर गाड़ी चलाना, शराब पीते हुए गाड़ी चलाना - सड़क सुरक्षा के क्षेत्र में बहुत ही चर्चित विषय हैं और एक रक्षात्मक चालक कभी इन दोनों को नहीं मिलाता है - और इसलिए हम इसके बारे में ज्यादा चर्चा नहीं कर रहे हैं। लेकिन यह एक कड़वा सच है कि यह खतरा, हमारी सड़कों पर कई कीमती जिंदगियां ले रहा है। दुर्भाग्य से ज्यादातर पीड़ित निर्दोष होते हैं, जो उस समय इत्तेफाक से वहां मौजूद रहते हैं।

शराब का सेवन कर गाड़ी चलाना एक ऐसा खतरा कार्य है, जो भारत में रोजाना सैकड़ों लोगों की जान ले रहा है। शराब के प्रभाव में व्यक्ति अपनी सजगता और सहजता, दोनों को ही सड़कों पर खो देता है, और यह उसके ड्राइविंग को पूरी तरह दुष्प्रभावित कर देता है। दोपहिया वाहन में सिर में लगने वाली कई चोटें शराब के सेवन के कारण होती हैं। एक सामान्य रूप से गिरने पर लगने वाली चोट की गंभीरता को, एक ड्राइवर अपनी सजगता से कम कर सकता है। पर उन्ही हालातों में जब व्यक्ति नशे में होता है, तो उसकी, अपने आप को बचाने की क्षमता बाधित रहती

है - वह सजग नहीं रहता है; और इसके कारण उसे सर में चोट लगने की संभावना बहुत ज्यादा बढ़ जाती है। एक सतर्क दिमाग हमेशा दुर्घटना को रोकता है और सुधारात्मक कदम उठा पाता है।

ध्यान का बटना

वर्तमान डिजिटल दुनिया में, जहां हर जगह सेल फोन का सिग्नल पहुंच गया है; हम में से अधिकांश, हर समय अपने को सुलभ रखने की कोशिश करते हैं। इस प्रकार सेल फोन, ड्राइवरों के लिए एक प्रमुख ध्यान बटाने का साधन बन गया है और दुर्घटनाओं के प्रमुख कारणों में से एक हैं। एक सेल फोन में तल्लीन एक दिमाग कम से कम 3 सेकंड के लिए सड़कों से नज़रें हटा सकता है और 60, 80 और 110 किमी / घंटा की गति से यात्रा करने वाला वाहन क्रमशः 1 सेकंड में 17 मीटर, 22 मीटर और 30 मीटर की यात्रा कर सकता है।

सेल फोन में तल्लीन दिमाग, एक ड्राइवर को - सड़क की बाधाओं पर बिल्कुल ही ध्यान दिए बिना, काफी लंबी दूरी तक ले जा सकता है। एक रक्षात्मक चालक अपनी नज़रों को सड़कों से हटाने के खतरे को अच्छे से समझता है। ध्यान का हटना , न केवल इलेक्ट्रॉनिक गैजेट्स तक सीमित है , बल्कि कुछ सामग्री - पानी आदि लेने के लिए झुकना; गर्दन टेढ़ी करके किसी से बात करना - कोई भी गतिविधि जिसके लिए ड्राइवर को सड़क से अपनी आँखें हटाने की आवश्यकता होती है, ध्यान बटने के अंतर्गत आती है।

एक वाहन को सुचारू रूप से चलाने के लिए एक चालक लगातार अपने स्टीयरिंग एडजेस्ट करते रहता है, ताकि वह सड़क पर वाहन को सही जगह पर रख सके। अगर कोई एक सेकंड के लिए भी अपनी नजर को सड़क से हटाता है, तो इस सेकंड में ही कई बार सड़क की रूपरेखा ही बदल जाती है। एक और बात जो हमें याद रखनी चाहिए, वह यह है कि हम सड़कों पर नज़र रखे बिना जिस दिशा में अपनी गर्दन घुमाते हैं, अनजाने में वाहन भी धीरे-धीरे उस दिशा में घूम जाता है।

आजकल अधिकांश सड़कों पर रंबल स्ट्रिप्स लगे होते हैं, जो चालक को अपने लेन से हटने, या फिर सड़क के किनारे पहुंचने के बारे में सचेत करता रहता है। चालक की पैनी नजरों का सड़क पर कोई भी विकल्प नहीं है, एक दुर्घटना को होने से रोकने के लिए।

सड़क पर अचानक कोई भी निर्णय खतरनाक

सड़कों पर हर गतिविधि हमें योजनाबद्ध तरीके से ही करनी चाहिए; अचानक लिए जाने वाले निर्णयों के लिए, सड़क पर - कोई जगह नहीं है। सड़क पर कई दुर्घटनाएं सिर्फ इसलिए होती हैं क्योंकि एक वाहन को रोकने के बाद, अचानक ही उसका दरवाजा खोल दिया जाता है। हमेशा सड़क के सभी सुरक्षित चालक; जब ऐसे रुके वाहनों के बगल से निकलते हैं - इस एक सुरक्षा का ध्यान जरूर रखते हैं। वे तो अपने आप को उन परिस्थितियों के लिए भी तैयार रखते हैं, जिसमें ऐसे खड़े हुए वाहन अचानक ही चलना शुरू कर देते हैं ।

वाहन चालक, वाहन पार्क करने के बाद कई बार , बिना कुछ देखे दरवाजे खोलते हैं, यह गलती चालक ही नहीं बल्कि वाहन में सवार कोई अन्य व्यक्ति भी कर सकता है। आम तौर पर वाहन सड़क के किनारे पार्क किया जाता है; समस्या तब आती है जब सड़क के यातायात की ओर का दरवाजा खोला जाता है।

नीदरलैंड में, इस पहलू को स्कूलों में पाठ्यक्रम के हिस्से के रूप में पढ़ाया जाता है। वहां बचपन से ही यह पाठ पढ़ाया जाता है कि आपको जिस तरफ का दरवाजा खोलना है उसे दूसरे हाथ से खोलिए। इसका मतलब है कि यदि आप दाहिनी ओर के दरवाजे को खोल रहे हैं - तो बाएं हाथ का उपयोग करें और बाईं ओर के दरवाजे के लिए - दाहिने हाथ का। इस तरह दरवाजा खोलते समय, व्यक्ति का पूरा शरीर उस क्षेत्र की तरफ मुड़ जाता है जिस तरफ का वह दरवाजा खोलने का प्रयास करता है - यानी उसे सड़क का नजारा स्पष्ट दिखाई देता है दरवाजा खोलने से पहले। बहुत ही सरल व्यावहारिक तरीका - हमें भी अपनाना चाहिए।

सड़क सुरक्षा शिष्टाचार की यह आवश्यकता है - कि लोग अपना वाहन रोकने के पश्चात, सबसे पहले आप पास के यातायात का स्पष्ट जायजा लें और उसके बाद ही वाहन का दरवाजा खोलें- और इस एक पहलू को हमें अपने परिवार के हर सदस्यों को भी सिखाना है । सभी चालकों को वाहन रोकने से पहले, दरवाजा खोलने के इस सुरक्षित तरीके की ओर, वाहन में उपस्थित सभी यात्रियों का ध्यान खींचना है - ताकि कोई गलती से भी अचानक दरवाजा ना खोल दे और स्वयं भी इसका हमेशा पालन करना है।

कभी-कभी सड़क पर हमें यू टर्न लेने , एक सड़क पार कर दूसरे सड़क पर जाने, या पार्किंग से वाहन चालू करने की आवश्यकता पड़ती है। हम कई ड्राइवरों को देख सकते हैं; जो स्थिति का ठीक से जायजा लिए बिना अचानक ही चल पड़ते हैं। इस गलती के कारण हमारी सड़कों पर कई दुर्घटनाएं हो रही हैं, एक सीधा आने वाला वाहन आकर, इस घूमते हुए वाहन को टक्कर मार देता है। इस स्थिति में ड्राइवर को हमेशा लेन बदलने से संबंधित सुरक्षा का हर हालत में पालन करना है।

मुख्य सड़क में प्रवेश करने से पहले गति धीमी

मुख्य सड़कों पर और शहर की अन्य अंदरूनी सड़कों पर; यातायात की स्थिति पूरी तरह से भिन्न होती है। मुख्य सड़क पर वाहनों की गति और उनकी संख्या अधिक होती है। जब भी कोई चालक किसी आंतरिक सड़क या साइड लेन से, मुख्य सड़क पर प्रवेश करता है; उसे अनिवार्य रूप से पहले अपनी गति को धीमा कर लेना चाहिए और यदि आवश्यक हो तो रुकना भी चाहिए। मुख्य सड़क में यातायात का पूरी तरह आकलन करने के पश्चात ही प्रवेश करना चाहिए।

दरअसल इस सुरक्षा का पालन तो हमें हर नए सड़क पर प्रवेश करने से पहले करना चाहिए, चाहे वह एक मुख्य सड़क हो या कोई अंदरूनी सड़क। जब भी; हम एक नई सड़क पर पहुंचते हैं, पहले उस क्षेत्र का सुरक्षा की दृष्टि से अवलोकन करना होता है - यह तभी संभव है जब आप धीमी गति से चलते हैं। आंतरिक सड़कों में, निर्माण कार्यों, भीड़

और अतिक्रमण के कारण - कई बार आपको सड़क के कोनो का नजारा साफ दिखाई ना दे। इस तरह वाहन को धीरे कर, एक नए मार्ग में प्रवेश करने की आदत, कई अन्य स्थितियों में भी हमारी सुरक्षा सुनिश्चित कर सकता हैं। कई वाहन चालक इन सुरक्षा प्रक्रियाओं का पालन किए बिना ही एक नई सड़क या मुख्य सड़क पर सीधे ही प्रवेश कर जाते हैं, कई दुर्घटनाएं उनके इस व्यवहार के कारण होती हैं।

यदि प्रदेश के सड़क सुरक्षा अधिकारी, हर सड़क पर जो एक मुख्य या अंदरूनी सड़क को जाकर मिलती है, अगर प्रवेश से तुरंत पहले स्पष्ट लाइन खींच कर धीरे होने की चेतावनी दे; तो समय के साथ धीरे-धीरे यह संदेश ड्राइवरों के दिमाग में उतर जाएगा। हमारे पास मुख्य जंक्शनों पर इस तरह के निशान होते हैं लेकिन अन्य आंतरिक सड़कों को - केवल ड्राइवरों के निर्णय पर छोड़ दिया गया है। लेकिन सुरक्षात्मक ड्राइवर हमेशा अपने दिमाग में एक काल्पनिक रेखा खींच लेता है, और कभी भी स्थिति का जायजा लिए बगैर एक नई सड़क पर कभी प्रवेश नहीं करता।

मार्गों पर अचानक रुकें नहीं, ना गति धीमी करें

हाईवे या राजमार्ग- वह स्थान है जहाँ वाहन प्रायः बड़ी तेज गति से चलते हैं। यहां सभी वाहन बिना कुछ दिशा में बदलाव के कई घंटे तक एक गति से चल सकते हैं। इस स्थिति में बिना पर्याप्त सावधानी के एक चलते वाहन के अचानक धीमा होने से या रुक जाने से, दूसरों के लिए तुरंत असुरक्षित स्थितियां पैदा हो जाती है। ये रुकावट कोई जानबूझकर नहीं करता, कभी-कभी ब्रेकडाउन - या वाहन के आगे अचानक कुछ आ जाता है, लेकिन इन परिस्थितियों में सड़कों पर कई भीषण दुर्घटनाएं हो जाती हैं।

एक राजमार्ग पर चलते समय, हमें ऐसी परिस्थितियों के लिए हमेशा तैयार रहना चाहिए। इनसे निपटने का सिर्फ एक ही तरीका होता है, और वह यह है कि आपको अपने वाहन के आगे और पीछे पर्याप्त सुरक्षित दूरी रखना चाहिए। और आपको अगर सड़क पर इस तरह रोकने की जरूरत आ पड़ती है, तो यथासंभव अपने वाहन को पीछे की

परिस्थितियों को देखते हुए सिग्नल देते हुए साइड में रखिए। सिग्नल देने के बाद, इमरजेंसी लाइट भी जलाना मत भूलिए - जितनी जल्दी हो सके वाहन को सड़क से सुरक्षित हटा दीजिए।

अतिशयोक्ति नहीं; लेकिन हमारी सड़कों पर; व्यस्त यातायात में चालक एक दूसरे से बात करने के लिए वाहनों को रोकते हैं; और यह उनके लिए या अन्य सड़क उपयोगकर्ताओं के लिए संभावित खतरे के रूप में कभी नहीं सोचते हैं। रात के समय इस तरह सड़कों पर वाहन के खड़े रहने से कई दुर्घटनाएं हो सकती हैं, हमेशा सभी वाहनों में टेल लैंप नहीं रहते हैं। ड्राइवर वाहन को देखे बगैर सीधा आकर ठोकर मार सकता है।

कभी-कभी ऐसा भी हो सकता है कि रुकने की आवश्यकता अचानक आ जाती है, आप किसी परिचित को सड़क पर देखते हैं, एक बस चालक को एक सवारी दिखाई देता है, या आप अपना स्टॉप चूक जाते हैं और चिल्ला कर ड्राइवर को गाड़ी रोकने बोलते हैं। इन परिस्थितियों में अगर एक ड्राइवर ने तुरंत ब्रेक लगाकर गाड़ी को रोकने का प्रयास किया तो यह एक दुर्घटना को अंजाम दे सकता है। एक सतर्क चालक तत्काल उचित कदम उठाएगा जिससे दुर्घटना से पूरी तरह बचा जा सकेगा। वह निश्चित रूप से वाहन को तुरंत ना रोक कर योजनाबद्ध तरीके से थोड़ा आगे जाकर रुकेगा; - सुरक्षित रूप से।

हाईवे में कभी-कभी एक ड्राइवर अपने निकास मार्ग की निगरानी करने में चूक जाता है और जब उसे निकास सामने नजर आता है, तो अचानक मोड़ लेता है या धीमा कर देता है - इस कार्रवाई से राजमार्गों पर कई दुर्घटनाएँ हुई हैं। यह गलती कभी-कभी कई लोगों की जान ले लेती है और इसके परिणामस्वरूप सड़कों पर कई बार श्रृंखलाबद्ध दुर्घटनाएं भी होती हैं, इसमें कई वाहन एक साथ दुर्घटनाग्रस्त हो जाते हैं। सुरक्षित ड्राइवर अपने निकास मार्ग को चूक जाने की स्थिति में, अपना संयम रखते हुए अगले निकास मार्ग से यू टर्न लेकर वापस आता है।

सड़क के गलत साइड में कभी न चलाएं।

सड़क सुरक्षा सर्वोच्च प्राथमिकता होनी चाहिए

गलत दिशा में या प्रवाह के विपरीत दिशा में गाड़ी चलाना एक बहुत ही खतरनाक गाड़ी चलाने का तरीका हैं जो अक्सर हमारी सड़कों पर होते हुए देखा जा सकता है। बस कुछ दूरी,समय या ईंधन बचाने के लिए; लोग यह कदम उठाते हैं - दूसरों के लिए सड़क पर एक बहुत ही असुरक्षित स्थिति पैदा करते हैं और कई दुर्घटनाओं का कारण बनते हैं। यह बहुत दुर्भाग्यपूर्ण है, लेकिन कई भारी वाहन चालक भी राजमार्गों पर ऐसा करते हैं। वे सभी मानते हैं कि सिर्फ हेडलाइट चालू करने से सभी की सुरक्षा सुनिश्चित की जा सकती है। एक सुरक्षित चालक कभी गलत दिशा या उल्टी दिशा में नहीं जाता है; इस मानसिकता को हमें बदलना होगा। इसमें एक ड्राइवर को फायदा कितना होता है यह तो पता नहीं, पर यह सड़क पर कई दुर्घटनाओं का एक बड़ा कारण जरूर है।

कई ड्राइवर सड़क किनारे या घुमावदार रास्ते पर खड़े एक स्थिर वाहन को क्यों टक्कर मारते देते हैं ?

हमने इस किताब में विभिन्न अवसरों पर यह चर्चा की है कि, सड़क पर वाहनों की पार्किंग एक बहुत ही महत्वपूर्ण सुरक्षा आवश्यकता है और किसी को भी अपने वाहन को खुली सड़क पर पार्क नहीं करना चाहिए। इस संबंध में ड्राइवरों का जागरूकता का स्तर इतना खराब है कि हाल ही में रात के समय एक ड्राइवर को बोनट के अंदर, स्ट्रीट लाइट के नीचे, सड़क के दाईं ओर - व्यस्त सड़क की सबसे तेज लेन में कुछ चेक करते हुए पाया गया। पूछताछ करने पर उसने स्पष्ट किया कि प्रकाश के लिए उसने वाहन को वहां खड़ा किया था और वाहन में कोई बड़ी समस्या नहीं थी, सिर्फ उसने कुछ आवाज सुनी थी। हमने वहीं खड़े होकर वाहन को हाईवे से हटवाया और ऐसी जगहों पर न रुकने का महत्व समझाया।

इसी प्रकार यदि कोई वाहन किसी कारण कारणवश एक घुमावदार रास्ते पर फस जाता है, तो यह चालक की जिम्मेदारी है कि वह किसी

तरह उसे वहां से बाहर निकाले, और एक सुरक्षित पार्किंग स्थान तक पहुंचाएं। और ऐसे समय तक पीछे से आने वाले वाहनों की सुरक्षा के लिए स्पष्ट रूप से दिखाई देने वाले खतरे के निशान का इंतजाम सड़क पर करना चाहिए - जिससे आने वाले को वाहन की उपस्थिति का पता चल जाए।

लेकिन अगर इन सब का इंतजाम नहीं हो पाता है, तो क्या एक दुर्घटना को नहीं टाला जा सकता है। एक सुरक्षित ड्राइवर, सामने इस तरह अचानक एक वाहन के आ जाने से भी विचलित नहीं होता क्योंकि इस तरह के परिस्थितियों के लिए वह पहले से ही तैयार रहता है। एक रक्षात्मक चालक अपनी गति इतनी रखता है; कि उसे हमेशा करीब 500 मीटर आगे का मार्ग स्पष्ट दिखाई देता है। यदि वह एक घुमावदार रास्ता देखता है और पाता है कि उसकी दृष्टि सीमित हो रही है और वह 500 मीटर तक देख नहीं पा रहा है; वह धीमा हो जाता है।

यदि वह देखता है कि वह एक ऐसे क्षेत्र से गुजर रहा है जहां दोनों तरफ घर हैं और रोशनी भी इतनी अच्छी नहीं है - वह तुरंत सुरक्षित गति में आ जाता है। यह, 500 मीटर का स्पष्ट नजारा, हमेशा उसके आगे उसका अपना सुरक्षा का गलियारा होता है - जो उसे ऐसी सभी गलत पार्किंग से बचाता है। वह इस सुरक्षा को बनाए रखने के लिए अपनी गति को कम ज्यादा करता रहता है।

पुल पर होने वाली दुर्घटनाएं

कई दुर्घटनाओं में वाहन पानी में पुल के ऊपर से गिर जाते हैं - उसके पीछे एक मुख्य कारण होता है, ड्राइवर का घुमावदार रास्तों पर धीमे ना करना, या फिर वाहन की गति आवश्यकता से अधिक होना। कई बार इन जल स्रोतों के पास कई जानवर भी रह सकते हैं - इनमें से कोई जानवर अचानक ड्राइवर के सामने आ जाता है जिसे बचाने के लिए ड्राइवर एक सीधे रास्ते पर भी, जो अचानक मोड़ लेता है - वह उसे सीधा उसी पानी में गिरा देता है। कई बार आंख लग जाने की वजह से भी, इस तरह की दुर्घटनाएं हो जाती हैं।

जब हम एक पुल के ऊपर से जाते हैं, अपनी गति को हमेशा धीमा कर देना चाहिए - पुल में हमेशा इस बात की संभावना रहती है कि उसके गैप में से कोई जानवर अचानक आपके सामने आ सकता है और उसे बचाने के प्रयास में आप दुर्घटनाग्रस्त हो सकते हैं। अगर आपको, सड़क पर यह पता चल जाए कि सामने एक पुल आने वाला है तो सीधे ही अपनी गति को धीमा कर लेने से इस प्रकार की दुर्घटनाएं नहीं होती।

बहुत हो चुका HORN PLEASE

हम सभी बचपन से ही सभी ट्रकों के पीछे "हॉर्न प्लीज" का बोर्ड पढ़ते आ रहे हैं। यह संदेश हमारे समाज में इतनी गहरी जड़ें जमा चुका है कि; ड्राइवरों ने अब सड़क पर अपनी आँखों का उपयोग करना बंद कर दिया, आवश्यकता हो या न हो - एक हॉर्न हमेशा बजाते रहता है। ट्रैफिक सिग्नल के हरा होते ही हम सामूहिक रूप से हॉर्न बजाते हैं - यह मानते हुए कि आगे वाले ने सिग्नल देखा नहीं है। सबसे दूर का ड्राइवर अपने आगे के सभी ड्राइवरों को धकेलने के लिए अपना सर्वश्रेष्ठ प्रयास करता है और हॉर्न तब तक बजाता रहता है - जब तक कि वे जंक्शन को पार नहीं कर लेते।

ओवरटेक करने के लिए - वे सिर्फ हॉर्न बजाते हैं और ओवरटेक करते हैं; अन्य सुरक्षा स्थितियों की निगरानी करने की कोई आवश्यकता नहीं है और यह हमारा सामान्य रवैया है। नहीं तो वे तब तक हॉर्न बजाते रहेंगे जब तक आप साइड ना दे दे, सड़क पर परिस्थितियां कैसी भी हो, उन्हें इससे कोई सरोकार नहीं।

ए सी और बंद कांच वाले आधुनिक वाहनों में, एक हॉर्न सुनाई जरूर दे सकता है, लेकिन अंदर में अगर म्यूजिक चल रहा हो, तो संभव है आपका हॉर्न सुनाई ही ना दें। सुरक्षित सड़क यातायात आंखों द्वारा देखी गई परिस्थितियों के आधार पर चलता है और हमें हमेशा उसी के आधार पर वाहन चलाना चाहिए। हॉर्न का प्रयोग अगर हम बंद करें तो कई दुर्घटनाओं और ध्वनि प्रदूषण से बचा जा सकता है।

17

यातायात का मुक्त प्रवाह - सबकी जिम्मेदारी

सड़कों पर कभी-कभी, हम एम्बुलेंस देखते हैं, एक रक्षात्मक चालक तुरंत वाहन को रास्ता देता है और एम्बुलेंस के लिए सुगम मार्ग सुनिश्चित करने के लिए - हर संभव प्रयत्न करता है।

अपने वाहन के चारों ओर यातायात का मुक्त प्रवाह सुनिश्चित करना सभी की जिम्मेदारी है। हर कोई गंतव्य तक पहुंचने की जल्दी में हो सकता है - और किसी के द्वारा बनाई गई कोई भी बाधा यातायात के प्रवाह को पूरी तरह से रोक सकता है; जिससे हर कोई प्रभावित हो सकता है।

जब भी किसी कारण से सड़क पर कोई रुकावट आती है, तो हम में से कई तुरंत, सड़क पर अपना लेन छोड़कर सड़क पर जहां जगह मिलती है वहां, प्रवेश कर जाते हैं ; जिससे यातायात का बहाव पूरी तरह ध्वस्त हो जाता है। ट्रैफिक अधिकारियों को मूल मुद्दे को सुलझाने से ज्यादा, इस तैयार हुए नए जाम को दूर करने के लिए अधिक संघर्ष करना पड़ता है।

हमेशा धैर्यपूर्वक अपनी जगह रुक कर प्रतीक्षा करना, ट्रैफ़िक को तेज़ी से सामान्य करता है और लोग अपने गंतव्य तक सही वक्त पर पहुंच सकते हैं। कहना आसान है, पर सड़कों पर इन परिस्थितियों में लोगों में धैर्य बिल्कुल ही नहीं दिखाई देता।

फ्री लेफ्ट को कभी भी ब्लॉक न करें:

आम तौर पर जंक्शन पर; लेफ्ट टर्न यानी बाया मोड फ्री होता है। एक रक्षात्मक चालक कभी भी बाएं मोड़ को अवरुद्ध नहीं करता है और यातायात के तेज प्रवाह में योगदान देता है।

सीधे चलते समय अपने को हमेशा बाएँ तरफ रखें:

सीधी दिशा में चलते समय जब चालक किसी जंक्शन पर पहुँचता है, तो स्वयं को सड़क के बाईं तरफ रखना चाहिए, और दाएँ मुड़ने वाले चालकों के लिए स्थान खाली रखना चाहिए; जिससे यातायात का प्रवाह सुचारू रूप से चलता रहे।

उपर्युक्त दोनों सावधानियों का मतलब यह है कि हमें जिस तरफ नहीं मुड़ना है अपने वाहन को वहां नहीं रखना चाहिए - अन्यथा जो चालक अपने वाहन को मोड़ कर उस तरफ जाना चाहते हैं उनके मार्ग में बाधा पड़ती है।

डिपर का उपयोग करें:

यातायात के सुचारू प्रवाह को सुनिश्चित करने के लिए एक रक्षात्मक चालक अपना सर्वश्रेष्ठ प्रयास करता रहता है - वह विपरीत दिशा से आने वाले ड्राइवरों के सुविधा के लिए, उन्हें सड़क पर ठीक से दिखाई देने के लिए, रात में हमेशा डिपर का उपयोग करता है।

वाहन पार्किंग संबंधित सुरक्षा:

एक सुरक्षित ड्राइवर हमेशा अपने वाहन को सड़क पर इस तरह से पार्क करेगा कि, वह किसी के लिए एक बाधा नहीं होगी, वाहन को कभी भी घुमावदार रास्तों पर पार्क नहीं करेगा, ब्रेकडाउन के मामले में वह सुनिश्चित करेगा कि वाहन सुरक्षित स्थान पर पहुंच जाए - अपरिहार्य परिस्थितियों में अन्य ड्राइवरों की सुरक्षा के लिए स्पष्ट रूप से दिखाई देने वाले खतरों के निशान का प्रबंध सड़क पर करता है।

जंक्शन पर वाहन पार्क करना ड्राइवरों द्वारा की जाने वाली सबसे बड़ी ट्रैफिक जाम करने वाली गलतियों में से एक है। यह वाहनों को धीमा कर देता है - यू टर्न की कोशिश करने वाले ड्राइवर के लिए जंक्शन पार करना बड़ा ही मुश्किल हो जाता है।

ऐसे ही सड़क के किनारे वाहनों को पार्किंग करने से, आवागमन में बहुत ही परेशानी होने लगती है और यह एक ऐसी स्थिति भी पैदा करता है जहां एक पैदल यात्री को सड़क पर आने के लिए मजबूर होना पड़ता है, और वह लगभग ट्रैफिक के बीच में पहुंच जाता है। यह पहले से ही संकरी सड़क में वाहनों के सामान्य आवागमन को बाधित करता है और दुर्घटनाओं की संभावनाओं को बढ़ावा भी देता है। 2 - way, सड़क पर कभी भी एक ही जगह सड़क के दोनों तरफ गाड़ी पार्क नहीं करना चाहिए, वह सड़क को पूरी तरह से सकरा कर देता है।

सड़क किनारे से एक खड़े वाहन को शुरू करना

सड़क के किनारे से एक खड़े वाहन को चालू करना एक जिम्मेदारी का काम है और शुरू करते समय, एक सुरक्षित चालक हमेशा सुनिश्चित करता है कि कोई वाहन पीछे से नहीं आ रहा है और वाहन को पार्किंग की स्थिति से बाहर निकालने के लिए आगे और पीछे की तरफ पर्याप्त निकासी है। वह अचानक सड़क पर एकाएक नहीं आता, धीरे-धीरे अपने वाहन को सड़क पर लाता है।

सड़क पर जानवर:

सड़कों पर कभी-कभी हमें जानवर मिल सकते हैं, जो ट्रैफिक के कारण डरे हुए रहते हैं और किसी भी चालक को जानवरों से हमेशा बचकर ही चलना चाहिए - उन्हें बिना छेड़े जाने देने में ही सब की सुरक्षा रहती है। ऐसी स्थितियों में जानवरों के पीछे से जाना हमेशा सुरक्षित होता है।

एक सुरक्षित ड्राइवर को , अगर सड़क पर एक पैदल चलने वाला भी मिल जाए, तो वह हमेशा उनके पीछे से ही जाता है। कई बार पैदल चलने वाला सेल में बात करते हुए भी जा सकता है या फिर उसका ध्यान किसी बस या किसी दूसरे वाहन के ऊपर भी रह सकता है, लेकिन एक सुरक्षित चालक उस पदयात्री के पीछे से सुरक्षा सुनिश्चित करते हुए निकल जाता है।

लंबी वस्तुओं के खतरे:

लंबी वस्तुओं को सड़क पर छोटे वाहनों में लेकर जाते समय, हमारे ड्राइवर उनके पीछे कोई एक कपड़ा बांध रहते हैं और बस सड़कों पर लेकर निकल चलते हैं। लंबी चीजें; जैसे रॉड या पाइप ले जाने वाले यह वाहन, हमारे देश में होने वाली कई खतरनाक दुर्घटनाओं का कारण बनते हैं। जब वे सीधे चलते हैं तो वे खतरनाक तो होते है ही ; पर जब वे मुड़ते हैं तो वे और भी घातक हो जाते हैं।

लंबे सामान को ले जाने वाले वाहन के पीछे चलते समय सुरक्षित दूरी बहुत जरूरी है। ऐसे वाहनों में दुर्घटनाएं तब होती हैं, जब वे किसी कारण से अचानक ब्रेक लगाते हैं या वाहनों में लदी हुई यह वस्तुएं अचानक खुलकर बाहर गिर जाती है। पीछे जो पाइप लदे रहते हैं वह वाहन से काफी बाहर निकले हुए रहते हैं - यदि इन वाहनों के पीछे चल रहा चालक सही वक्त पर ब्रेक लगाने में सक्षम नहीं हो पाता है - तो यह पाइप सीधा उस गाड़ी के कांच को तोड़ता हुआ अंदर चला जाता है; अक्सर अंदर सवार लोगों को गंभीर रूप से घायल भी कर देता है।

एक सुरक्षित ड्राइवर इस खतरे को समझता है और उनसे दूर रहता है। ऐसे वाहन, जो अपने लंबाई और चौड़ाई से अधिक लंबी वस्तुओं को ढो कर, सड़क पर लेकर जाते हैं; उन्हें इस तरह सड़क पर खुले आने नहीं देना चाहिए।

अपनी बारी का इंतजार करें:

सड़कों पर आपको ऐसे ड्राइवर बहुत दिखाई देंगे जो दूसरों की सुरक्षा की परवाह किए बिना, उपलब्ध किसी भी छोटी जगह में प्रवेश कर जाते हैं। जैसे ही वे एक गैप देखते हैं, चाहे उसकी सीधी लाइन में दूसरा एक ड्राइवर भी क्यों ना हो, वे बस इसमें साइड से प्रवेश कर जाते हैं - सीधे आ रहे ड्राइवर को ब्रेक लगाकर अपने आप को बचाना पड़ता है। सड़क पर हमें हमेशा लाइन में आ रहे निर्दिष्ट ड्राइवर के लिए जगह छोड़नी चाहिए और इस तरह प्रवेश करना कई दुर्घटनाओं का कारण बनता है।

पैदल चलने वालों का ध्यान रखें :

सभी सड़क जंक्शनों में पैदल चलने वालों के लिए लाइट टाइमिंग या सिग्नल का प्रावधान नहीं हो सकता है; लेकिन हमें उन्हें सुरक्षित रूप से आगे बढ़ने में मदद करना चाहिए। एक रक्षात्मक चालक अपनी सुरक्षा के लिए नहीं बल्कि दूसरों की सुरक्षा के लिए भी जंक्शन में धीरे-धीरे चलाता है; विशेष रूप से पैदल चलने वालों के लिए। क्योंकि ऐसा हो सकता है कि आपके लिए तो सिग्नल हरा हो जाए; लेकिन कुछ अपरिहार्य कारणों से कुछ पैदल यात्री बीच में फंस सकते हैं -उन्हें ट्रैफिक में से सुरक्षित बाहर निकालना भी हमारी ही जिम्मेदारी है।

सड़क पार करते समय अपनी सुरक्षा सुनिश्चित करते हुए पैदल चलने वालों की गतिविधियों पर भी पैनी नजर नजर रखें। प्रतिदिन 400 मौतों की हमारी संख्या में, उनकी संख्या काफी है - जो हम सभी जानते हैं कि टाली जानी चाहिए। दोष उनका हो सकता है; फिर भी एक ड्राइवर उनकी रक्षा कर सकता है।

घुमावदार सड़कों पर धीरे चलें:

यातायात के सुचारू प्रवाह के लिए एक सुरक्षित चालक हमेशा घुमावदार सड़कों पर धीरे ही चलता है। मोड चाहे एक छोटा सा क्यों ना हो, पर उसमें चूक होने की संभावना बहुत ज्यादा रहती है। ऐसे घुमावदार सड़कों से जब आप एक मुख्य सड़क पर पहुंचते हैं - तब आप सीधे आने वाले को प्राथमिकता देते हुए सड़क के प्रवेश पर धीमा कर इंतजार करिए।

इन खड़ी वाहनों से सावधान रहें:

सड़कों पर कई क्षेत्र ऐसे हो सकते हैं; जहां किनारे पर वाहन लाइन में खड़े रहते होंगे। ऐसे स्थानों को पार करते समय एक वाहन के अचानक शुरू होने की संभावना रहती है, एक पैदल यात्री या यहां तक कि एक जानवर भी अचानक उन वाहनों के बीच से आ सकता है - सड़क के किनारे से एक सुरक्षित दूरी बनाते हुए ही इन वाहनों के करीब से निकलिए।

गांवों या घनी आबादी वाले क्षेत्र से गुजरना:

गांवों के बीच से या ऐसे क्षेत्रों से गुजरते समय, जहां दोनों तरफ घर हो, तो एक सुरक्षित चालक के पास एक अलग सुरक्षा मानदंड होगा। इन क्षेत्रों में हमेशा आवारा जानवरों के आने, रास्ते में बच्चों के आने, साइकिल सवार के अचानक आने, या नशे में धुत व्यक्ति के मिलने की की संभावना हमेशा बनी रहती है - एक सुरक्षित ड्राइवर इस तरह के मार्गों पर अपने को विशेष रूप से तैयार रखता है।

धीरे-धीरे और सुरक्षित रूप से चलना इन क्षेत्रों में सबसे अच्छा सुरक्षा का उपाय है - मूल रूप से हम उनके घरों के बीच में से होकर गुजर रहे हैं और यह हमारी जिम्मेदारी है कि हम उनके घर के आसपास उनकी सुरक्षा सुनिश्चित करें। रात के समय इन क्षेत्रों से गुजरते हुए आपको अधिक सतर्क रहने की आवश्यकता हो सकती है। सड़कों पर ऐसे क्षेत्र

बहुत कम हो सकते हैं; लेकिन ऐसी जगहों पर दुर्घटनाएं ज्यादा होती हैं।

सुरक्षित रक्षात्मक ड्राइविंग मूल रूप से सड़क की स्थिति के अनुसार वाहन की गति को नियंत्रित करना है और हमारा इरादा सभी प्रकार की स्थितियों को आपके सामने लाना है, ताकि आपको निर्णय लेने में आसानी होगी।

मार्ग पर प्राथमिकता किसे दे ?

मुख्य सड़कों से जुड़ने वाले हर आंतरिक मार्गों से, उप मार्गों से या गलियों से आने वाले वाहनों को अनिवार्य रूप से, प्रमुख सड़कों पर चलने वाले वाहनों को वरीयता देनी चाहिए - प्राथमिकता देनी चाहिए। खुद सड़क के किनारे आकर इंतजार करने के पश्चात ही, मुख्य सड़क पर प्रवेश करें।

18

अन्य मुख्य कारण

गाड़ी चलाते समय जब भी कोई ड्राइवर रेलवे ट्रैक देखता - फाटक के साथ या बिना फाटक के; उसके दिमाग में कोई दूसरा विचार ही नहीं आना चाहिए - चालक को सबसे पहले योजनाबद्ध तरीके से धीमा करने की सुरक्षा सावधानी बरतनी चाहिए। एक ड्राइवर को आने वाला रेलवे गेट पहले से ही दिख जाता है, इसलिए धीमा करने में कभी कोई समस्या नहीं होनी चाहिए। अगर गेट बंद है तो ड्राइवर को बस गेट के खुलने का इंतजार करना होगा और ट्रेन को पास होने देना होगा ।

हमारे देश में कई दुपहिया वाहन चालकों या पैदल चलने वालों को जोखिम उठाकर ट्रैक पार करने का प्रयास करते हुए भीषण दुर्घटनाओं का सामना करना पड़ा है। स्कूली बसों से जुड़ी दुर्घटनाएं जिनमें कई मासूमों की जान चली गई, आज भी हमारी यादों में ताजा हैं।

यदि द्वार बंद नहीं है या कोई फाटक ही ना हो; तो चालक को यह सुनिश्चित करने के बाद कि रेलगाड़ी दोनों तरफ दूर-दूर तक, जहां तक ट्रैक दिखाई दे रहा है ; नहीं है, उसके बाद ही धीमी गति से क्रॉसिंग को पार करना चाहिए।

एक खाली ट्रैक को कभी भी ट्रेन के न आने की संभावना के रूप में नहीं मानना चाहिए - हमेशा अपनी आंखों पर भरोसा करना चाहिए। ट्रैक पर होने वाली दुर्घटनाएं प्रकृति में अधिक गंभीर होती हैं और हताहतों की संख्या बहुत अधिक होती है। दुर्घटना में ट्रेन पटरी से उतर भी सकती है और बड़ी तबाही का कारण भी बन सकती है।

जल्दबाजी में ट्रैक पार करने का प्रयास करते समय कई दुर्घटनाएं हो जाती हैं। चालक अपने आप को शांत रखने में विफल रहते हैं और दहशत में ट्रैक पर फंस जाते हैं। ट्रैक दुर्घटनाएं टाली जा सकती हैं - यह बिल्कुल नहीं होनी चाहिए और एक सुरक्षित चालक वहां कभी मौका नहीं लेता है।

नजर में ना आना

एक चौपहिया वाहन में सामने के बड़े कांच (विंडस्क्रीन) के ड्राइवर के साइड का फ्रेम, ड्राइवर के लिए कई बार सड़क के कोने के नजारों को पूरी तरह ब्लॉक कर देता है। वैसे तो दोनों साइड के फ्रेम, इस तरह की असुरक्षित स्थिति तैयार करते है पर दायां वाला फ्रेम चूँकि ड्राइवर के बहुत पास होता है, ड्राइवर के लिए ज्यादा मुसीबत पैदा करता है। इस वजह से कई बार वाहन चालकों की आंखों के सामने ही ऐसी दुर्घटनाएं हो जाती है जिनमें, इस फ्रेम की वजह से ड्राइवर - एक वाहन या व्यक्ति को देख नहीं पाता है। ज्यादातर, इस तरह की दुर्घटनाएं चौराहों पर होती है - जहां ड्राइवर वाहन को घुमाने में व्यस्त रहता है। इस तरह की दुर्घटना कार में या भारी वाहन किसी में भी हो सकता है।

जंक्शन में मोड़ लेते समय या यू टर्न लेते समय, चालक दर्पणों पर अपना ध्यान अधिक केंद्रित करते हैं। चूँकि दर्पण में वस्तुएँ दिखाई देने की तुलना में अधिक निकट होती हैं; कभी-कभी एक ड्राइवर दोपहिया वाहन या एक व्यक्ति को देखने से चूक सकता है। इसके साथ ही, कभी-कभी इस फ्रेम के ब्लाइंड स्पॉट से ड्राइवर इनको पूरी तरह मिस कर जाता है और एक दुर्घटना हो सकती है। सड़कों का उपयोग करने वाले, सभी को भारी वाहनों से जुड़े इन खतरों को समझना चाहिए और जंक्शनों में मोड़ने का प्रयास करते हुए - एक भारी वाहन के पास कभी नहीं जाना

चाहिए। और एक चार पहिया वाहन के ड्राइवर के रूप में आपका यह कर्तव्य हो जाता है, कि जब भी आप चौराहे पर इस तरह धीमी गति में वाहन को घुमाने या यू-टर्न लेने का प्रयत्न करते हैं - तो इस फ्रेम के दोनों तरफ से छोटे वाहनों और पद यात्रियों की सुरक्षा के लिए - अतिरिक्त ध्यान देंगे।

रात को सड़क पर हल्के रंग के कपड़े पहन निकले

आप रात में जब एक वाहन में हों या आप एक साइकिल चला रहे हो या सिर्फ एक पैदल यात्री के रूप में सड़क पर हों, तो यह बहुत जरूरी है की अन्य वाहन चालक आपको देख सकें। कई बार, एक दुर्घटना सिर्फ इसलिए हो जाती है कि सड़क पर एक चालक आपको देख नहीं पाता। अगर एक चालक आपको साधारण तौर पर नहीं देख नहीं पाता है, तो उसे कुछ भी करने का वक्त नहीं मिल पाता जब अचानक आप उसके सामने नजर आ जाते हैं।

हमारे देश में 2016 के बाद से दोपहिया वाहनों में ऑटोमैटिक हेडलाइट ऑन अनिवार्य कर दिया गया है, जैसे ही इंजन को ऑन किया जाता है अब दो पहिया वाहनों में लाइट ऑन हो जाता है। इसने देश के कई हिस्सों में दोपहिया वाहनों से होने वाली दुर्घटनाओं को कम किया है, खासकर उस समय जब कोहरे या बारिश जैसी जलवायु की परिस्थितियों के कारण कम दिखाई देता है।

चार पहिए और पुराने दुपहिया वाहनों में इस सुरक्षा को सुनिश्चित करने के लिए, ऐसी स्थितियों में एक सुरक्षित चालक हेड लाइट को चालू कर देता है।

इस दिशा में सभी इंडिकेशन लैंप; टेल लैंप, रिवर्स लैंप, टर्निंग इंडिकेटर लैंप का रखरखाव बहुत महत्वपूर्ण है। एक ड्राइवर यह मानते हुए कि खुद के वाहन का इंडिकेटर चालू है, एक मोड़ लेता है; लेकिन वास्तव में हो सकता है कि वह काम ही ना करता हो, यह सड़क पर एक असुरक्षा की स्थिति पैदा कर सकता है।

पैदल चलने वालों का रात में वाहन चालकों को साफ दिखाई देना, एक ऐसा मुद्दा है जिसे हमें सड़कों पर गाड़ी चलाते समय ध्यान में रखने की आवश्यकता है। कई बार आप लोगों को रात में काले कपड़े पहने हुए और बहुत ही साधारण तौर पर सड़क पर चलते हुए देख सकते हैं - एक नजर में तो वह आपको बिल्कुल दिखाई ही नहीं देगा।

पैदल चलने वाले लोग हल्के रंग के कपड़े पहन कर रात में निकले तो, गहरे रंग की पोशाक की तुलना में बेहतर दिखाई देते हैं। साइकिल सवार को हल्के कपड़े पहनकर खुद को सड़क पर सुरक्षित रखना चाहिए और अब तो साइकिल में भी लाइट आ गए हैं।

हमारी सड़कों पर दुर्घटनाओं का एक प्रमुख कारण रात के समय सड़कों पर भैंस और गायों का कब्जा है। भैंसों का रंग काला होने के कारण उन्हें रात में देखना लगभग असंभव हो जाता है और हमारे देश में इन जानवरों के कारण सड़कों पर कई दुर्घटनाएं हो रही हैं।

इन जानवरों को संगठित करने की जरूरत है और उन्हें सड़कों पर नहीं रहने दिया जाना चाहिए। वे भोजन की तलाश में सड़कों पर घूमते हैं और निश्चित समय पर उन्हें दुहने लिए उनका मालिक ले जाता है, फिर वापस सड़क पर आ जाते हैं।

ये मासूम जानवर कई बेगुनाह चालकों को मार रहे हैं; कभी-कभी खुद मारे भी जा रहे हैं। यदि इस दिशा में उचित दिशा-निर्देश लाया जाता है; तो कई मासूमों की जान बचाई जा सकती है।

कार कहीं नाव ना बन जाए

"वह सब कुछ जो आपको आराम से ड्राइविंग करने में मदद करता है - जो निरंतरता लाता है, केवल अभ्यास के साथ आता है।"

कभी-कभी, बारिश के दौरान हम खुद को ऐसी स्थिति में पाते हैं जहां एक पुल के ऊपर से पानी बह रहा हो सकता है और हम इस दुविधा में पड़ सकते हैं कि इसे पार किया जाए या नहीं। हमें यह समझना चाहिए कि वाहन विशेष रूप से कार, पूरी तरह से बंद केबिन है और यह पानी अधिक होने पर तैर भी सकता है।

अगर इस तरह के पुल में आपने प्रवेश कर लिया तो आमतौर पर जल स्तर शुरू में कम हो सकता है , लेकिन जैसे-जैसे आप आगे बढ़ते हैं, पानी आपके अनुमान से अधिक हो सकता है। जल स्तर अगर आपके चेसिस स्तर को पार कर ऊपर हो जाता है और यदि प्रवाह पर्याप्त है; इस बात की संभावना हमेशा बनी रहती है कि कार तैर सकती है और धारा के साथ बह भी सकती है।

इसलिए अपनी सुरक्षा के लिए, ऐसी स्थिति का सामना करते समय - आपको अत्यधिक सावधानी बरतनी चाहिए और कभी ऐसा रिस्क नहीं लेना चाहिए।

सड़कों पर मृत जानवर

सड़कों पर कई बार हम मरे हुए जानवरों को देखते हैं, ज्यादातर शहर की सीमा के भीतर कुत्ते और अगर सीमा के बाहर हो तो, कभी-कभी जंगली जानवर । एक बात हमें कभी नहीं भूलनी चाहिए कि एक इंसान के रूप में, हम अपने वाहनों से किसी जानवर को ही कभी नहीं मारेंगे; एक इंसान को मारने का तो सवाल ही नहीं पैदा होता। जब भी ऐसी स्थिति आती है कि हमारे सामने एक इंसान या जानवर अचानक आ जाता है ; हमारा रिफ्लेक्स सिस्टम, मानव शरीर की प्रतिवर्त क्रिया - हमें उनकी रक्षा करने के लिए तुरंत ही मार्गदर्शन करेगा और यह हम हमेशा अचानक ब्रेक लगाकर या स्टीयरिंग व्हील या हैंडल को घुमाकर ऐसा करते हैं।

ये सभी मरे हुए जानवर ऐसे मामले होते हैं, जहां वाहन चालक इन जानवरों को नहीं देख पाए और ये इतने अचानक उनके सामने आए, कि उन्हें पता ही नहीं चला और वाहन उसके ऊपर से चला गया। इतने भारी वाहन, अगर एक जानवर के ऊपर से चला भी जाता है तो कई बार ड्राइवर को एहसास भी नहीं होता। पर अगर एक ड्राइवर उन्हें आते देख लेता है, तो उसका परिणाम एक दुर्घटना ही होता है; क्योंकि वह, हर हालत में उसे बचाने का ही प्रयास करेगा। अगर यह एक दोपहिया वाहन के साथ होता है; तो दुर्घटना की गंभीरता भी अधिक होगी। अचानक ब्रेक लगाने

या वाहन को मोड़ने से; पीछे वाला व्यक्ति भी आपको आकर ठोकर मार सकता है - जो आपके पीछे काफी तेजी से आ रहा होता होगा। दो पहिया वाहनों का इस तरह भाग कर आते हुए जानवरों के ऊपर चढ़कर दुर्घटनाग्रस्त होना, सड़कों पर एक आम बात है।

एक सुरक्षित ड्राइवर ड्राइविंग के इस पहलू को ध्यान में रखता है और वह सड़कों के किनारों पर ज्यादा ड्राइव नहीं करता है; खासकर रात के समय जब वैसे ही दिखाई कम देता है। ये कुत्ते; जो हो सकता है, किसी अन्य कुत्ते द्वारा पीछा किए जा रहे होते हैं; इतनी तेजी से सड़क पर आ जाते हैं कि, एक ड्राइवर को प्रतिक्रिया करने के लिए शायद ही कभी कुछ समय मिलता है।

घाट रोड

घाट रोड ड्राइविंग के लिए एक विशेष कौशल और ज्ञान की आवश्यकता होती है। हमने घुमावदार सड़कों पर ओवरटेकिंग करने के जिन सुरक्षा पहलुओं के बारे में चर्चा की थी, वह पूरी तरह यहां भी लागू होता है। यहां हमेशा ऊपर चढ़ने वाले वाहन को वरीयता दी जाती है - हमेशा जो वाहन ऊपर की ओर जा रहा है, उसे प्राथमिकता दी जाती है। चढ़ाई करने वाला वाहन कभी-कभी रुकने के बाद, तेज चढ़ाई, भार, वाहन की स्थिति के कारण या चालक के कौशल के कारण गति को पकड़ने में सक्षम नहीं हो पाता है।

घाट की सड़कों पर निरंतर आने वाले मोड़ के कारण ड्राइवर एक सीमित दूरी तक ही - सड़क का नजारा ठीक से देख पाता है; यहां एक सुरक्षित ड्राइवर ओवरटेक करने से पहले धैर्यपूर्वक सबसे उपयुक्त अवसर की प्रतीक्षा करता है। घाट मार्गों में आमतौर पर आगे का ड्राइवर भी ओवरटेकिंग के लिए पीछे वाले वाहनों को उपयुक्त, और सुरक्षित वक्त बताने में मदद करता है और इस तरह वे एक टीम की तरह काम करते हैं।

नीचे उतरते समय भारी वाहनों में; गति नियंत्रित रखने के लिए - वाहन को हमेशा निचले गियर में रखा जाना चाहिए, अन्यथा वाहन तेजी

से उतर सकता है। निचले गियर में - वाहन की गति कम होती है - और ब्रेक भी अच्छा लगता है। हल्के 4 पहिया वाहनों और दुपहिया वाहनों के लिए भी यही नियम लागू है; यदि किसी चालक को लगता है कि वाहन नियंत्रित गति से नीचे नहीं आ रहा है।

कई जगहों पर आपको हॉर्न बजाने के लिए चेतावनी वाले बोर्ड दिखाई देंगे - एक सुरक्षित चालक उन बोर्डों का सख्ती से पालन करता है। सर्दियों के दौरान कभी-कभी कोहरे के कारण सड़क पर कम दिखाई देता है; हमें अपने वाहन की गति को तुरंत ही कम कर देना चाहिए। सामान्यत: घाट सड़कों पर वाहन की गति अन्य सड़कों से कम ही होगी। रात में , ऊपर चढ़ने वाले वाहन को साफ साफ दिखाई देने के लिए, डिपर चालू रखिए - आवश्यकता पड़े तो हेड लाइट को पूरी तरह बंद कर दीजिए।

19

असामान्य दुर्घटनाएं

कभी-कभी कुछ अजीब दुर्घटनाएं भी सड़कों पर होती है , जिन्हें सामान्य दुर्घटनाओं की श्रेणी में नहीं रखा जा सकता। ऐसे कारणों से होने वाले दुर्घटनाओं की संख्या कम जरूर होती है, पर अगर ध्यान ना रखा जाए तो होने की संभावना से नकारा भी नहीं जा सकता। कुछ ऐसे ही दुर्घटनाओं को हमने आपके जानकारी के लिए यहां पर क्रमबद्ध किया है, ताकि आप अपने आसपास इनको होने से रोक सकें।

- चालकों को वाहन शुरू करने के पहले यह सुनिश्चित करना चाहिए कि सभी सवार वाहन के अंदर सुरक्षित रूप से बैठे चुके हैं और सभी दरवाजे ठीक से बंद हैं। खुले दरवाजे के कारण कई दुर्घटनाएँ हुई हैं या अभी सवारी पूरी तरह चढ़ी भी नहीं थी कि वाहन चालू कर दिया जाता है - चालक को यह सुनिश्चित करना चाहिए और शुरू करने से पहले सूचित करना चाहिए।

- दो दुपहिया वाहनों के अगल-बगल चलते समय, उनके शीशे (मिरर) आपस में उलझ जाते हैं जिससे दुर्घटना हो जाती है। हमारे क्षेत्र में इस तरह की दुर्घटना घटी थी जिसमें दो सवार बाइक पर आपस में बात करते हुए जा रहे थे और यह दुर्घटना हुई थी - उनमें से एक मारा गया था, सर में चोट लगने से। अन्यथा भी; दो पहिया वाहन को, अगल-बगल चलाने से - एक दूसरे से टकराने की आशंका हमेशा बनी रहती

है।

- एक सवार एक स्पीड ब्रेकर को, देख नहीं पाता और तेजी से उसके ऊपर से चला जाता है - जबकि दोनों पहिए अभी भी हवा में रहते हैं, वह ब्रेक लगाता है; जमीन पर लगते ही दोनों पहिए एक साथ जाम हो जाते हैं और एक बहुत बड़ा हादसा हो जाता है। ब्रेकर पर चलते हुए, ब्रेक लगाते समय इस पहलू पर ध्यान रखना चाहिए।

- कई सवारों को हैंडल पर हाथ ढीले रखने की आदत होती है या वे ज्यादातर एक हाथ से गाड़ी चलाते हैं। ऐसे ड्राइवर जब अनजाने में या कभी-कभी अचानक ब्रेकर में चढ़ जाते हैं तो अपना संतुलन खो बैठते हैं और गिर जाते हैं। यदि यह एक व्यस्त ट्रैफिक के अंदर होता है; तो खतरनाक हो सकता है।

- सवारों को अपने दुपहिया वाहनों को रोक कर, अपने पैरों को जमीन पर रखते समय सावधान रहना चाहिए। एक घटना में, एक जंक्शन पर रुकते समय जब एक सवार ने अपने पैरों को जमीन पर रखने का प्रयास किया, तो उसका बायां पैर का पैंट फुटरेस्ट में फंस गया और वह गिर गया। उसका सर सीधे ट्रक के पहियों के अंदर चला गया, जो बगल में लगभग रुक ही रहा था। बाइक में ढीली पैंट से बचना चाहिए।

- बिना गियर वाले दुपहिया वाहनों में एक समस्या है; एक बार स्टार्ट होने के बाद इनकी गति को आप सिर्फ एक्सीलरेटर से बढा व कम कर सकते हैं इनमें कोई गियर नहीं होता है। कभी-कभी, हम अपने बच्चों को अपने पैरों के भीतर खड़ा करते हैं और जहां वे हैंडल को पकड़ कर खड़े रहते हैं। ऐसे कई मामले हैं जब वे अनजाने में वाहन को गति को एक्सीलरेटर घुमाकर अचानक बढ़ा देते हैं, जब या तो ड्राइवर किसी से बात करने में व्यस्त रहता है या ट्रैफिक पर इंतजार करता है।

- स्कूल बस या वैन से बच्चों को उतारने के बाद, बच्चों के ऊपर से उसी बस या वैन के चढ़कर जाने के कई हादसे हमारे नजरों में आए हैं। चालकों की ओर से यह एक स्पष्ट लापरवाही है का प्रमाण है; बच्चे उतरने के बाद सुरक्षित वाहन से दूर होने तक -जिम्मेदारी ड्राइवर की

होती है।

- 4 पहिया वाहन चलाते समय, कई बार ड्राइवर अपने पैर के पास बोतल रख देता है या आराम करने के लिए कभी-कभी जूते उतार देता है -कई दुर्घटनाएँ होती हैं, जब वे आपके ब्रेक पेडल के नीचे चले जाते हैं। हमें उनसे सावधान रहना होगा।

20

व्यक्तिगत सुरक्षा साधनों का उपयोग

हेलमेट, सीट बेल्ट और जूते कुछ व्यक्तिगत सुरक्षा उपकरण हैं जो सवारों या ड्राइवरों पर दुर्घटनाओं से होने वाले प्रभाव को कम करते हैं। इनका कड़ाई से उपयोग किया जाना चाहिए और ज्यादातर मामलों में इन साधनों ने दुर्घटनाओं में ड्राइवरों की रक्षा की है।

हालांकि किसी भी परिस्थिति में किसी को यह गलत धारणा नहीं बनानी चाहिए कि ये साधन दुर्घटना को रोकते हैं; ये सिर्फ और सिर्फ चालक को लगने वाले चोट के प्रभाव को कम करने और दुर्घटनाओं से होने वाले प्राणघातक चोटो को सीमित करने के लिए निर्मित है।

दोपहिया वाहन में दुर्घटना के दौरान ज्यादातर चोटें शरीर के निचले हिस्से में लगती हैं लेकिन सिर की चोट दोपहिया वाहनों से होने वाले मौत का प्रमुख कारण हैं। उचित तरीके से पहने हुए सुरक्षित हेलमेट एक व्यक्ति को सिर की चोटों से बचाता है। यह बहुत महत्वपूर्ण है कि हेलमेट का बकल ठीक से बंद हो और आपका हेलमेट आपके सिर पर ढीला न हो। अन्यथा हेलमेट आपके शरीर से दुर्घटना के दौरान उड़ने वाली पहली वस्तु होगी - जो आपको असुरक्षित और आपके सर को उजागर कर देगा। किसी को भी हेलमेट की गुणवत्ता से समझौता नहीं करना चाहिए , क्योंकि यह आपके सबसे कीमती जीवन को बचाने के लिए बनाया गया

है। एक सस्ता हेलमेट बिना हेलमेट के बराबर है।

हेलमेट पहनने के व्यक्तिगत स्वतंत्रता के बारे में कई बातें होती रहती हैं। आज हमारे साथ कई दोस्त रहते हैं, जो दुर्घटना में इसलिए बच गए क्योंकि उस दिन उनके सिर पर हेलमेट था, और कई मामलों में तो दुर्घटना दूसरों की गलती के कारण होती है। हेलमेट का ग्लास , आपको कई छोटी बड़ी उड़ने वाली वस्तुओं से भी बचाता है। हमारी सड़कों पर, कई दोपहिया वाहन देखे जा सकते हैं, जहां हेलमेट को हैंडल पर लटका दिया जाएगा, और कोई अगर सड़क पर दिख जाए तो पहन लिया जाता है।

हमारे यहां पर एक दुर्घटना तो ऐसे हुई जिसमें पत्नी ने, पुलिस को देख कर पीछे से पति के सर पर हेलमेट रख दिया; बस उससे भूल इतनी हो गई कि उसने हेलमेट उल्टा रख दिया, जिससे पति को अचानक सड़क में कुछ भी दिखना बंद हो गया- और बेचारी खुद उस दुर्घटना में मारी गई।

सीट बेल्ट एक चार पहिया वाहन में चालक को अपनी जगह पर सुरक्षित लॉक करके रखता है। तेज गति में होने वाले दुर्घटनाओं में, एक ड्राइवर अगर सीट बेल्ट ना पहना हो तो वह अंदर इधर उधर टकराता है। इन दुर्घटनाओं में, ज्यादातर चोट तो तब लगती है जब एक ड्राइवर केबिन के अंदर में स्टेरिंग या सामने कांच से जाकर तेजी से टकराता है। वाहन चलाते समय हमेशा सीट बेल्ट पहनें। सीट बेल्ट न पहनने पर कुछ मामलों में दुर्घटना की स्थिति में, चालक तेज गति में वाहन से बाहर भी निकल जाता है।

21

ड्राइवरों के लिए टिप्स

हमेशा आभारी रहें जब लोग आपको जंक्शनों पर सुरक्षित जाने देते हैं, या किसी तरह आपकी यात्रा को सड़कों पर बेहतर और सुरक्षित बनाने में मदद करते हैं, इस तरह आप सड़कों पर कहीं अधिक सामंजस्यपूर्ण दृष्टिकोण तैयार करने में योगदान देंगे।

- प्रभावी ब्रेकिंग के लिए ब्रेक लगाते समय कभी भी क्लच का प्रयोग ना करें। यह आपको बेहतर ब्रेकिंग देगा ; वाहन जब करीब रुकने लगेगा तब इंजन को रुकने से रोकने के लिए ही सिर्फ क्लच लगाएं।
- टैंकर में कभी भी आंशिक रूप से भरा हुआ तरल पदार्थ न ले जाएं; एक टैंकर के अंदर इस तरह तरल पदार्थ ले जाना आपके संतुलन को बिगाड़ सकता है और आपका वाहन कभी पूरी तरह पलट भी सकता है। यदि यह अपरिहार्य है, तो आपको बहुत ही सुरक्षित कम गति से जाना चाहिए।

वाहन का रखरखाव

कई दुर्घटनाएं वाहनों के अनुचित रखरखाव और विभिन्न मापदंडों की ठीक से निगरानी न करने के कारण होती हैं।

हम इस पहलू को विस्तार से नहीं छू रहे हैं। पाठकों के लाभ के लिए सड़क सुरक्षा से संबंधित कुछ महत्वपूर्ण मुद्दों का उल्लेख किया गया है। वाहन का समय पर नियमित रखरखाव सुनिश्चित करता है कि ब्रेक जैसे सुरक्षा संबंधी यंत्र कारगर रूप से कार्य कर रहे हैं और अन्य मशीनरी अच्छी काम करने की स्थिति में है - वाहन की सेहत सड़क पर चलने के लिए सुरक्षित है।

कुछ अन्य पैमाने जिनकी हमें निगरानी करनी होती है, वे हैं टायर के अंदर का दबाव और टायर की गुणवत्ता। गर्मी के मौसम में लगातार लंबे समय तक चलने के दौरान टायर के फटने से कई दुर्घटनाएं होती है - इसका प्रमुख कारण उन में आवश्यकता से अधिक हवा का भरा जाना, और टायर पुराना होकर नाजुक हो जाना भी है।

एक अच्छा टायर सुनिश्चित करता है, सड़क पर आपकी अच्छी पकड़ रहती है - आपको अच्छे से ब्रेक लगाने में मदद करता है। टायर के पुराना होने से रबर भंगुर हो जाता है और यह कठिन ड्राइविंग परिस्थितियों में फट भी सकता है।

वाहन की संरचनात्मक जांच भी बहुत महत्वपूर्ण है, क्योंकि निश्चित समय के बाद मुख्य चेसिस की ताकत भी कम हो सकती है। सड़कों पर कई मामले देखे जा सकते हैं, जब केबिन वाहन से अलग हो जाता है, पूर्ण अंडर कैरिज या वाहन चलते समय टूट जाता है। सड़क पर चलने के लिए वाहन योग्य है या नहीं यह बहुत महत्वपूर्ण है और इससे समझौता नहीं किया जाना चाहिए - ये दुर्घटनाएं कई मामलों में घातक भी हो सकते हैं।

वाहन को ओवरलोड करना

सभी वाहनों को सुरक्षा मानकों को ध्यान में रखते हुए कुछ विशिष्ट भार वहन करने के लिए डिज़ाइन किया जाता है । इससे आगे कोई भी ओवरलोडिंग इसकी संरचनात्मक ताकत, इसकी गतिशीलता, इसके रुकने के समय और इसे नियंत्रित करने के लिए ड्राइवरों की क्षमता को बाधित करेगा।

एक दुपहिया वाहन में 3 व्यक्तियों को बैठाना, चार पहिया और भारी वाहन में सामग्री को ओवरलोड करना - इस तरह के ओवरलोडिंग के दायरे में आता है; इन कारणों से सड़क पर एक दुर्घटना हो सकती है।

22

सरकारी पहल

राज्य सरकारें सड़क सुरक्षा में सुधार के लिए लगातार काम कर रही हैं और यह - राष्ट्रीय सड़क सुरक्षा नीति के साथ; आने वाले सड़क बुनियादी ढांचे की क्रांति के मद्देनजर, देश में सड़क सुरक्षा के एक उज्ज्वल भविष्य की ओर इशारा कर रहा है।

विशेष रूप से रात के समय राजमार्गों में पार्क किए जाने वाले वाहनों के लिए वैकल्पिक पार्किंग लॉट तैयार किए जा रहे हैं, सड़क किनारे के भोजनालयों को हटाकर मुख्य मार्ग से थोड़ा अंदर करने की प्रक्रिया पूरे जोर पर है। वाहनों के गति की निगरानी, वाहनों को लगातार ट्रैक करना, हॉर्न बजाने पर प्रतिबंध और असुरक्षित ड्राइविंग मुद्दों को भी संबोधित किया जा रहा है। उचित प्रशिक्षण सुनिश्चित कर लाइसेंस जारी करने के लिए दिशा-निर्देश बनाए जा रहे हैं। कुल मिलाकर देश में एक ऐसा माहौल बन रहा है कि जल्द ही सड़क सुरक्षा की जागरूकता भी हमारे लिए दिनचर्या का विषय बन जाएगा।

समय आ गया है कि देश में सब सुरक्षित ड्राइविंग संस्कृति को अपने जीवन शैली का हिस्सा बनाए। यह पुस्तक सभी ड्राइवरों को यह संदेश देने की कोशिश कर रहा है कि, हमारी अधिकांश दुर्घटनाएं टाली जा सकती है, सिर्फ हमें इस तथ्य को स्वीकारना है। इस किताब में हमने लगभग 50 से ज्यादा ऐसे उन कारणों को आपके सामने रखा है जो हमारे देश में विभिन्न जगहों पर दुर्घटना का कारण बनते रहते हैं। इन कारणों

से निपटने के जो आसान तरीके, हमने इस किताब से आपके समक्ष रखा है उन्हें बड़ी आसानी से कोई भी अपना कर, आज अपने देश के माथे पर लगे काले धब्बे को मिटाने के अपने सामूहिक उद्देश्य में भारी योगदान दे सकते हैं।

हमें उन्हें युवावस्था में ही प्रशिक्षित करने की जरूरत है

ड्राइविंग एक ऐसा कौशल है जिसका प्रदर्शन हम में से लगभग हर किसी को जीवन के एक बहुत बड़े हिस्से में, सड़क पर करते रहना पड़ता है। मूल रूप से इसकी नींव बचपन से ही रखी जानी चाहिए है - जब पहली बार कोई सड़क पर आता है।

यह स्कूली शिक्षा प्रणाली में पाठ्यक्रम का हिस्सा होना चाहिए जो उन्हें सड़क शिष्टाचार का मूल सिद्धांत सिखाएगा। उम्मीद है कि यह पहल हमारे देश में जल्द ही की जाएगी। हमें युवा मन में कुछ बुनियादी महत्वपूर्ण चीजें डालने पर काम करना चाहिए - जैसे सड़क पर धैर्य, चलते समय साइड का अनुसरण करना, आगे बढ़ने से पहले बाएं और दाएं देखना - ताकि भविष्य में यह एक सुरक्षात्मक ड्राइवर के रूप में तैयार हो ।

सड़क पर कई दुर्घटनाएं होती हैं जब अचानक बच्चे सड़क पर आ जाते हैं , बाएं या दाएं देखे बिना साइकिल की दिशा बदल देते हैं। हमारी कई सड़कें रिहायशी इलाकों के किनारे से गुजरती हैं; जहां एक रक्षात्मक चालक निश्चित रूप से सावधानी बरतेगा और धीरे-धीरे आगे बढ़ेगा। फिर भी उस क्षेत्र में रहने वाले माता-पिता का यह मूल कर्तव्य है कि वे अपनी सुरक्षा के हित में, अपने बच्चों को शिक्षित करें। एक बहुत ही सतर्क चालक भी कभी-कभी ऐसी दुर्घटनाओं को रोक नहीं पाता है, लेकिन अगर दोनों पक्ष अपने को तैयार रखें; तो संभावनाएं बहुत बढ़ जाएंगी।

23

प्राथमिक चिकित्सा

सड़क दुर्घटना के पीड़ितों को प्राथमिक उपचार

हालांकि दुर्घटना को रोकना इस पुस्तक लेखन का मुख्य फोकस रहा है; फिर भी अंततः किसी तरह एक दुर्घटना पीड़ित को मरने से बचाना भी उसी के अंतर्गत आता है। समय पर प्राथमिक उपचार देकर दुर्घटना के शिकार व्यक्ति की जान बचाई जा सकती है। 'गोल्डन ऑवर', याने दुर्घटना के बाद का पहला एक घंटा;, 'सुनहरा घंटा' कहलाता है। इस 1 घंटे के दौरान यदि दुर्घटना पीड़ित को किसी तरह अस्पताल पहुंचा दिया जाता है, तो उसके बचने की संभावना बहुत ज्यादा हो जाती है। तत्काल यदि प्राथमिक उपचार भी दिया जाता है, तो इससे उनके बचने की संभावना कई गुना बढ़ जाती है और चोटों की गंभीरता भी कम हो जाती है।

पीड़ित को एक घंटे के भीतर उचित चिकित्सा देखभाल प्राप्त करा पाना हमेशा संभव नहीं होता है।लेकिन कई मौतों और चोटों के दुष्प्रभाव को प्राथमिक चिकित्सा से रोका जा सकता है और यदि इसके बाद कुछ देर से ही; अगर हताहतों का इलाज किया जाता है, तो भी इससे जीवन और मृत्यु के बीच का अंतर आ जाता है।

एक राहगीर, देखने वाला और आसपास के अन्य लोग पीड़ितों को प्राथमिक उपचार प्रदान कर सकते हैं। हालांकि, पीड़ितों को गलत तरीके से उपचार दे देने का डर, जो स्थिति को और खराब कर सकता है, कई लोगों को आगे आने से रोकता है।

सड़क दुर्घटनाओं में मौत के बारे में एक गलत धारणा यह है कि यह गंभीर चोट और खून की कमी के कारण होता है। वास्तविकता इसके ठीक विपरीत है - सड़क दुर्घटना में मौत का सबसे आम कारण ऑक्सीजन की आपूर्ति में कमी होता है और यह हमेशा वायुमार्ग की रुकावट के कारण होता है। बुनियादी प्राथमिक चिकित्सा कोई भी व्यक्ति प्रदान कर सकता है क्योंकि इसे तुरंत करना होता है। अवरुद्ध वायु मार्ग को मृत्यु का कारण बनने में चार मिनट से भी कम समय लगता है - इसलिए पीड़ित के सबसे निकट खड़ा व्यक्ति ही इस गतिरोध को हटाकर, उसे जिंदगी प्रदान कर सकता है।

हालांकि दुर्घटना के शिकार व्यक्ति को उचित प्राथमिक उपचार प्रदान करना इतनी जटिल प्रक्रिया नहीं है, लेकिन उचित प्रशिक्षण के अभाव में हमें सावधान जरूर रहना चाहिए।

चूंकि लेखक चिकित्सा हस्तक्षेप प्रक्रियाओं से अच्छी तरह से वाकिफ नहीं है, इसलिए नीचे लाई गई सभी प्राथमिक चिकित्सा प्रक्रियाओं को जिसकी सिफारिश सड़क परिवहन और राजमार्ग मंत्रालय, भारत सरकार ने की है, आपके लिए सुरक्षा की दृष्टि से लेखक ने जानकारी के लिए प्रस्तुत किया गया है।

कई प्रक्रियाएं, एक व्यक्ति को करना शायद मुश्किल हो सकता है और कुछ इसे दूसरों पर करने में संकोच कर सकते हैं। यहां हम एक बहुत ही महत्वपूर्ण तथ्य लाना चाहेंगे कि, कई मौकों पर परिवार के किसी सदस्य ने इस प्राथमिक उपचार को मौके पर करके; कई अपनों की जान बचाई है।

हर बार जब हमारे परिवार के सदस्य सड़क पर होते हैं, तो ; हो सकता है कि हम आसपास न हों। सड़क पर सभी को, हमें अपने परिवार के सदस्य के रूप में मानना चाहिए - ताकि कोई सही समय पर उसी तरह सोचे; जब हमारे प्रियजन मुसीबत में हो।

चार चिकित्सीय स्थितियां हैं जिन पर प्राथमिक चिकित्सा देने वाले को ध्यान देना चाहिए।

- श्वासावरोध (ऑक्सीजन की कमी)
- दिल की धड़कन रुकना
- गंभीर रक्तस्राव (रक्तस्राव)
- अन्य चोटें/बीमारी

पहले 4 महत्वपूर्ण मिनटों का अधिक से अधिक उपयोग करने के लिए, हमें यह सब करना चाहिए

- सबसे पहले पीड़ित को यथासंभव, चोटों की गंभीरता देखते हुए; दुर्घटना स्थल से सुरक्षित साफ जगह पहुंचाना चाहिए
- पीड़ित का ख्याल रखें
- उन्हें सामान्य होने में मदद करें
- वायुमार्ग - वायुमार्ग यानी श्वास मार्ग को साफ करें
- सांस लेना - पीड़ित की सास बहाल करने के लिए मुंह से मुंह में फुकने की प्रक्रिया करें (हम इंटरनेट पर उपलब्ध वीडियो के माध्यम से सीख सकते हैं)
- किसी भी तरह का खून बहना बंद करें
- सहायता बुलाए

श्वासावरोध हटाना

- पीड़ितों को बहुत धीरे और सावधानी से जमीन पर लिटाएं, बिना किसी और चोट के।
- पीड़ित को एक तरफ घुमा दें।
- गर्दन, छाती और कमर पर कपड़े ढीले करें
- सिर को पीछे की ओर झुकाएं, चेहरे को थोड़ा नीचे करें ताकि जीभ आगे की ओर गिर सके और खून की उल्टी बाहर निकल सके।

- सांस बहाल करना - मुंह से मुंह सास देना
- यदि पीड़ित अभी भी सांस नहीं ले रहा है, तो उसे कृत्रिम सांस दें। (हम इंटरनेट पर उपलब्ध वीडियो के माध्यम से सीख सकते हैं)
- पीड़ित को पीठ के बल लेटा दे और मुंह से मुंह में फूंक कर, उसकी सास को फिर से नार्मल करने में मदद करें

किसी भी रक्तस्राव को रोकें

- खून बहने वाले घाव को साफ करें। पट्टी या कपड़े के मोटे पैड से घाव पर सीधे दबाव डालने से रक्तस्राव बंद हो जाता है।
- रक्तस्राव को रोकने के लिए जिन अंगों से रक्त बह रहा हो उनको ऊंचा उठाने से रक्त का बहना रुक जाता है।
- खून बहने वाले घाव में अगर कोई वस्तु घुसी पाई जाती है तो उसे न निकालें।
- पैड लगाएं और घाव के चारों ओर पट्टी बांध दें। अगर टूटी हुई हड्डियाँ दिखाई दें तो उन्हें भी यथासंभव स्थान पर रखने का प्रयत्न करें।

ये प्रक्रियाएं बहुत सरल हैं और इन्टरनेट में उपलब्ध वीडियो को देखकर उन्हें आसानी से सीखा जा सकता है और ऐसे हजारों मामले हैं, जहां एक अजनबी ने एक जान बचाई है; आप भी किसी को जीवन दान दे सकते हैं।

लेखक के बारे में

लेखक ए डी जोशी, पिछले 15 वर्षों से अधिक समय से, सड़क सुरक्षा के बारे में जागरूकता फैला रहे हैं। कुछ बहुत करीबी दोस्तों और उनके बच्चों की सड़क दुर्घटना में मृत्यु, इन माता-पिता की वेदना और पीड़ा - इन सभी चीजों ने लेखक को इस रचना को लाने के लिए मजबूर किया है।

सड़क पर होने वाली अधिकांश मौतें टाली जा सकती हैं - जागरूकता की कमी, अज्ञानता और अति आत्मविश्वास के कारण ही अधिकांश दुर्घटनाएं होती हैं। हमारे देश में सड़क सुरक्षा के प्रति जागरूकता फैलाने की अति आवश्यकता है और देश में जोर शोर से हो रहे सड़कों के बुनियादी ढांचे में सुधार के साथ, हमें और अधिक सावधान रहने की आवश्यकता है ; क्योंकि अब संभावना है कि हमारे सड़कों में वाहनों की औसत गति काफी बढ़ जाएगी।

इससे भी अधिक दुख की बात यह है कि दुर्भाग्य से आज भारत दुनिया भर के देशों में, सबसे अधिक आकस्मिक दुर्घटनाओं से होने वाले मौतों में, नंबर एक देश बन गया है और यह हम में से किसी को भी स्वीकार्य नहीं होना चाहिए। हमें अपने माथे से इस काले धब्बे को हटाने के लिए निश्चित रूप से कुछ करना होगा।

यह पुस्तक लेखक का इस दिशा में योगदान है और यदि इस सामग्री से देश में किसी को भी सड़क सुरक्षा में कुछ अगर लाभ होता है; यह हमारे लिए एक बड़ी उपलब्धि होगी।